JN201881

# 子どもの保健

Children's Health

山本 勇 監修
Isamu Yamamoto

山本智子 著
Tomoko Yamamoto

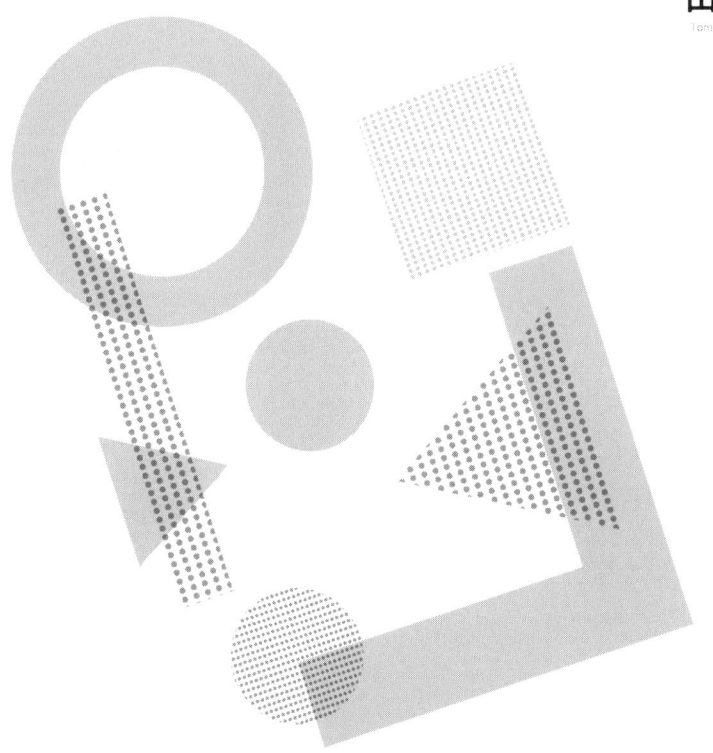

北樹出版

# 目　次

# 第1章

# 子どもの心身の健康と保健の意義

　「保育所保育指針（平成29年告示）」（厚生労働省）に基づくと、保育所の特性は「養護」と「教育」を一体的に行うことにあります。「保育所保育指針」とは、保育所において一定の保育の水準が保たれるように、保育の内容や保育に関連する運営等について定めたものです。

　保育における「養護」は、子どもの「生命の保持」と「情緒の安定」により構成されています。からだとこころの健康にかかわる「子どもの保健」という科目は、「養護」を構成するこれらの要素に直接的に関係します。

　一方、「教育」は、「健康」「人間関係」「環境」「言葉」および「表現」の5領域により構成されます。「子どもの保健」が直接的に関係する「健康」は、5領域のひとつであり、他の領域と総合的に学習する必要がある保育内容です。

　このように、保健や健康には、保育との密接なかかわりがみられます。

　それでは、子どもが健康であるとはどのようなことなのでしょうか。子どもが健康であるために、保育における保健にはどのような意義があるのでしょうか。第1章では、これらの問いに基づいて、学習を進めます。

## 考えてみましょう。話し合ってみましょう。

1　「健康」であるとは、どのようなことでしょうか。

2　保健活動とは、子どもが健康で安全に生活できるよう支援するものです。特に「養護」にかかわる保健活動には、どのような意義や目的があるでしょうか。

3　子どもの保健にかかわる「健康の指標」を挙げてみましょう。

　保育の特性は、「養護」と「教育」が一体的に行われることにある。

　保育における「養護」とは、「保育所保育指針（平成 29 年告示）」（厚生労働省）に基づくと、「子どもの生命の保持及び情緒の安定を図るために保育士等が行う援助や関わり」をいう。また、「生命の保持」「情緒の安定」の「ねらい」「内容」として、それぞれ以下のような項目が挙げられている（表 1-1 & 2）。

　以上の「ねらい」および「内容」により構成される「生命の保持」と「情緒の安定」を実施するうえでの基本として重視されるのが、保健活動である。特に、子どもの健康および安全の確保に関して、「保育所保育指針（平成 29 年告示）」では、①子どもの健康支援、②食育の推進、③環境及び衛生管理並びに安全管理、④災害への備えにかかわる事項をふまえて、保育を行うように定められている。①から④の各項目では、以下の事項が挙げられている（表 1-3）。

　以上の事項にみるように、保育における「子どもの保健」の目的は、主として、子どものからだやこころの「健康を支援」するとともに、子どものからだやこころの「健康を増進」することにある。この過程で重視されるのは、健康の支援や健康の増進においても、「子どもの主体性が尊重される」ことである。「保育所保育指針（平成 29 年告示）」では、保育の方法等において、子どもを主体として受け止めることが求められている。保育における健康の支援や健康の増進において「子どもの主体性が尊重される」ためには、子ども自身も、乳幼児期から、「からだ」や「こころ」、「健康である」ことに興味・関心をもち、からだやこころが健康であるために自ら能動的にかかわることを支援されるような環境が整備されることが必要である。保育は、こうした目的に基づいて、計画され、実践され、省察（自分の実践を振り返って改善するために考えをめぐらせること）される。保育における「子どもの保健」の意義には、子どもとともに健康であるための環境を発展させる、保育者と子どもとの関係づくりが含まれる。

表 1-1　「生命の保持」の「ねらい」および「内容」（保育所保育指針）

> **「生命の保持」の「ねらい」**
> 1.　一人一人の子どもが、快適に生活できるようにする。
> 2.　一人一人の子どもが、健康で安全に過ごせるようにする。
> 3.　一人一人の子どもの生理的欲求が、十分に満たされるようにする。
> 4.　一人一人の子どもの健康増進が、積極的に図られるようにする。
>
> **「生命の保持」の「内容」**
> 1.　一人一人の子どもの平常の健康状態や発育及び発達状態を的確に把握し、異常を感じる場合は、速やかに適切に対応する。
> 2.　家庭との連携を密にし、嘱託医等との連携を図りながら、子どもの疾病や事故防止に関する認識を深め、保健的で安全な保育環境の維持及び向上に努める。
> 3.　清潔で安全な環境を整え、適切な援助や応答的な関わりを通して子どもの生理的欲求を満たしていく。また、家庭と協力しながら、子どもの発達過程等に応じた適切な生活のリズムがつくられていくようにする。
> 4.　子どもの発達過程等に応じて、適度な運動と休息を取ることができるようにする。また、食事、排泄、衣類の着脱、身の回りを清潔にすることなどについて、子どもが意欲的に生活できるよう適切に援助する。

表 1-2　「情緒の安定」の「ねらい」および「内容」（保育所保育指針）

> **「情緒の安定」の「ねらい」**
> 1.　一人一人の子どもが、安定感をもって過ごせるようにする。
> 2.　一人一人の子どもが、自分の気持ちを安心して表すことができるようにする。
> 3.　一人一人の子どもが、周囲から主体として受け止められ、主体として育ち、自分を肯定する気持ちが育まれていくようにする。
> 4.　一人一人の子どもがくつろいで共に過ごし、心身の疲れが癒されるようにする。
>
> **「情緒の安定」の「内容」**
> 1.　一人一人の子どもの置かれている状態や発達過程などを的確に把握し、子どもの欲求を適切に満たしながら、応答的な触れ合いや言葉がけを行う。
> 2.　一人一人の子どもの気持ちを受容し、共感しながら、子どもとの継続的な信頼関係を築いていく。
> 3.　保育士等との信頼関係を基盤に、一人一人の子どもが主体的に活動し、自発性や探索意欲などを高めるとともに、自分への自信をもつことができるよう成長の過程を見守り、適切に働きかける。
> 4.　一人一人の子どもの生活リズム、発達過程、保育時間などに応じて、活動内容のバランスや調和を図りながら、適切な食事や休息が取れるようにする。

表 1–3 　子どもの健康および安全にかかわる事項（保育所保育指針）

**1. 子どもの健康支援**

（1）子どもの健康状態並びに発育及び発達状態の把握

1）子どもの心身の状態に応じて保育するために、子どもの健康状態並びに発育及び発達状態について、定期的・継続的に、また、必要に応じて随時、把握すること。

2）保護者からの情報とともに、登所時及び保育中を通じて子どもの状態を観察し、何らかの疾病が疑われる状態や傷害が認められた場合には、保護者に連絡するとともに、嘱託医＊と相談するなど適切な対応を図ること。看護師等が配置されている場合には、その専門性を生かした対応を図ること。

3）子どもの心身の状態等を観察し、不適切な養育の兆候が見られる場合には、市町村や関係機関と連携し、児童福祉法第 25 条に基づき、適切な対応を図ること。また、虐待が疑われる場合には、速やかに市町村又は児童相談所に通告し、適切な対応を図ること。

（2）健康増進

1）子どもの健康に関する保健計画を全体的な計画に基づいて作成し、全職員がそのねらいや内容を踏まえ、一人一人の子どもの健康の保持及び増進に努めていくこと。

2）子どもの心身の健康状態や疾病等の把握のために、嘱託医等により定期的に健康診断を行い、その結果を記録し、保育に活用するとともに、保護者が子どもの状態を理解し、日常生活に活用できるようにすること。

（3）疾病等への対応

1）保育中に体調不良や傷害が発生した場合には、その子どもの状態等に応じて、保護者に連絡するとともに、適宜、嘱託医や子どものかかりつけ医等と相談し、適切な処置を行うこと。看護師等が配置されている場合には、その専門性を生かした対応を図ること。

2）感染症やその他の疾病の発生予防に努め、その発生や疑いがある場合には、必要に応じて嘱託医、市町村、保健所等に連絡し、その指示に従うとともに、保護者や全職員に連絡し、予防等について協力を求めること。また、感染症に関する保育所の対応方法等について、あらかじめ関係機関の協力を得ておくこと。看護師等が配置されている場合には、その専門性を生かした対応を図ること。

3）アレルギー疾患を有する子どもの保育については、保護者と連携し、医師の診断及び指示に基づき、適切な対応を行うこと。また、食物アレルギーに関して、関係機

関と連携して、当該保育所の体制構築など、安全な環境の整備を行うこと。看護師や栄養士等が配置されている場合には、その専門性を生かした対応を図ること。

4) 子どもの疾病等の事態に備え、医務室等の環境を整え、救急用の薬品、材料等を適切な管理の下に常備し、全職員が対応できるようにしておくこと。

（＊嘱託医……保育所等から委託を受けて診断・治療等を行う医師。：引用者注）

### 2. 食育の推進

(1) 保育所の特性を生かした食育

　1) 保育所における食育は、健康な生活の基本としての「食を営む力」の育成に向け、 その基礎を培うことを目標とすること。

　2) 子どもが生活と遊びの中で、意欲をもって食に関わる体験を積み重ね、食べることを楽しみ、食事を楽しみ合う子どもに成長していくことを期待するものであること。

　3) 乳幼児期にふさわしい食生活が展開され、適切な援助が行われるよう、食事の提供を含む食育計画を全体的な計画に基づいて作成し、その評価及び改善に努めること。栄養士が配置されている場合は、専門性を生かした対応を図ること。

(2) 食育の環境の整備等

　1) 子どもが自らの感覚や体験を通して、自然の恵みとしての食材や食の循環・環境への意識、調理する人への感謝の気持ちが育つように、子どもと調理員等との関わりや、調理室など食に関わる保育環境に配慮すること。

　2) 保護者や地域の多様な関係者との連携及び協働の下で、食に関する取組が進められること。また、市町村の支援の下に、地域の関係機関等との日常的な連携を図り、必要な協力が得られるよう努めること。

　3) 体調不良、食物アレルギー、障害のある子どもなど、一人一人の子どもの心身の状態等に応じ、嘱託医、かかりつけ医等の指示や協力の下に適切に対応すること。栄養士が配置されている場合は、専門性を生かした対応を図ること。

### 3. 環境及び衛生管理並びに安全管理

(1) 環境及び衛生管理

　1) 施設の温度、湿度、換気、採光、音などの環境を常に適切な状態に保持するとともに、施設内外の設備及び用具等の衛生管理に努めること。

　2) 施設内外の適切な環境の維持に努めるとともに、子ども及び全職員が清潔を保つ

ようにすること。また、職員は衛生知識の向上に努めること。

（2）事故防止及び安全対策

1）保育中の事故防止のために、子どもの心身の状態等を踏まえつつ、施設内外の安全点検に努め、安全対策のために全職員の共通理解や体制づくりを図るとともに、家庭や地域の関係機関の協力の下に安全指導を行うこと。

2）事故防止の取組を行う際には、特に、睡眠中、プール活動・水遊び中、食事中等の場面では重大事故が発生しやすいことを踏まえ、子どもの主体的な活動を大切にしつつ、施設内外の環境の配慮や指導の工夫を行うなど、必要な対策を講じること。

3）保育中の事故の発生に備え、施設内外の危険箇所の点検や訓練を実施するとともに、外部からの不審者等の侵入防止のための措置や訓練など不測の事態に備えて必要な対応を行うこと。また、子どもの精神保健面における対応に留意すること。

### 4. 災害への備え

（1）施設・設備等の安全確保

1）防火設備、避難経路等の安全性が確保されるよう、定期的にこれらの安全点検を行うこと。

2）備品、遊具等の配置、保管を適切に行い、日頃から、安全環境の整備に努めること。

（2）災害発生時の対応体制及び避難への備え

1）火災や地震などの災害の発生に備え、緊急時の対応の具体的内容及び手順、職員の役割分担、避難訓練計画等に関するマニュアルを作成すること。

2）定期的に避難訓練を実施するなど、必要な対応を図ること。

3）災害の発生時に、保護者等への連絡及び子どもの引渡しを円滑に行うため、日頃から保護者との密接な連携に努め、連絡体制や引渡し方法等について確認をしておくこと。

（3）地域の関係機関等との連携

1）市町村の支援の下に、地域の関係機関との日常的な連携を図り、必要な協力が得られるよう努めること。

2）避難訓練については、地域の関係機関や保護者との連携の下に行うなど工夫すること。

（「保育所保育指針（平成 29 年告示）」）

# 保育における生命の保持および情緒の安定にかかわる保健活動

　保育所における保健活動は、子どもの健康支援、食育の推進、環境管理、衛生管理や、安全管理、そして、災害への備え等にわたります。

　保育士の子どもとの一日は、視診（ししん）から始まります。子どものからだとこころの健康状態は、保育活動に影響を与えます。保育時間が 8 時間から 11 時間あるいはそれ以上にもおよぶ保育活動では、健康状態のよしあしが子どもに多大なる負担を与えかねません。視診では、子どもの表情、顔色、機嫌、送迎する保護者とのかかわりの様子を含めて、子どもがその日一日の保育活動に元気に参加できるかどうかを確認します。

　視診において保育士が果たす役割は、子どもの生命の保持だけでなく、情緒の安定にもかかわります。保育士は、子どもや保護者とコミュニケーションを重ねながら、からだとこころの健康の様子を確認しているからです。

　子どものニーズに応えることも大切です。子どもには、多様なニーズがあります。子どもごとの違いもありますし、年齢による違いもありますし、同じ子どもでも日によって、あるいはその時々によって違いがあります。子どものニーズに応えることは必ずしも簡単ではありませんが、簡単ではないからこそ、その子どもの、あるいは子どもたちの、いまここで必要とされるニーズの理解に努める動機づけになるように思います。

　子どもたちは、ただ守られるだけの存在ではありません。幼い子どもであっても、何に困っているのか、どうしてほしいのかといったことを伝える力をもつ、主体的な存在でもあります。子どもが、自らのはたらきかけにより、自分と世界との関係を実感できることは、子どものニーズを満たすことにもなります。こうした主体的な力を育てることも、成長が著しい発達段階にある子どもを支援する保育士が心掛けていることです。そしてこのことは、子どもたちの健康や安全にかかわる事柄にもおよびます。

　保育士は、一人ひとりの子ども、そして集団としての子どもたちが健康に過ごせる環境を用意できるように、いつも心を配っています。一人ひとりの保育士はもとより、保育所のすべての保育士が理解し実践できるように、日々の保育の機会や会議等の場を活用して、学び合いも続けています。保育において保健活動は、生命の保持および情緒の安定により構成される養護にかかわる主要な活動として、位置付けられているのです。

（保育士　浅野俊幸）

## 第2節　健康の概念と健康指標

### 1　健康とは

**〈健康の定義〉**

　健康とは、身体的にも精神的にも社会的にもすべてが満たされた状態であり、単に病気でないとか、からだが弱くないということではない。世界保健機関（World Health Organization, WHO）は、1946年に署名された世界保健機関憲章の前文において、健康を上のように定義した。

　健康がこのように定義されたのは、子どもを含むあらゆる人々にとって、健康であることは基本的人権のひとつであり、平和と安全を達成するための基礎であると考えられたためである。

　保育においても、健康のこうした理解に基づいて、子どもたちが健康であることを支援し、増進する必要がある。

### 2　健康の指標

**(1) 子どもの健康水準と健康指標**

　健康の程度は、健康水準によって示される。その指標や基準になるのが、健康指標である。子どもの健康水準にかかわる健康指標には、乳幼児身体発育調査、人口動態統計、人口静態統計、疾病統計、国民健康・栄養調査、学校保健統計などがある。

**(2) 人口とその割合の推移**

　日本では、年少人口と生産年齢人口が減少する一方、老齢人口は増加する、少子高齢化が進行している。健康であるためには、健康であることを社会的に支え合う基盤として、人口とその割合の推移にも注目する必要がある。

**〈総人口の推移と人口ピラミッド〉**

　日本の総人口は、2005年に戦後初めての減少となった後、引き続き減少し続ける傾向にある（図1-1）。総務省統計局により2018年7月に示された日本

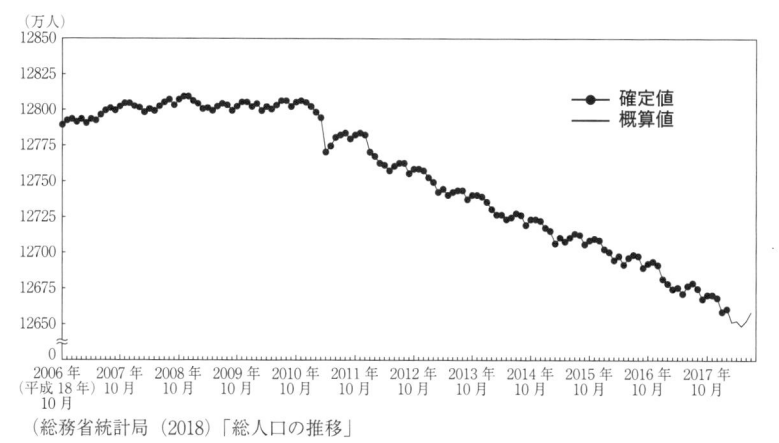

（総務省統計局（2018）「総人口の推移」
https://www.stat.go.jp/data/jinsui/new.html Accessed 28 December 2018）

**図 1-1　日本の総人口の推移**

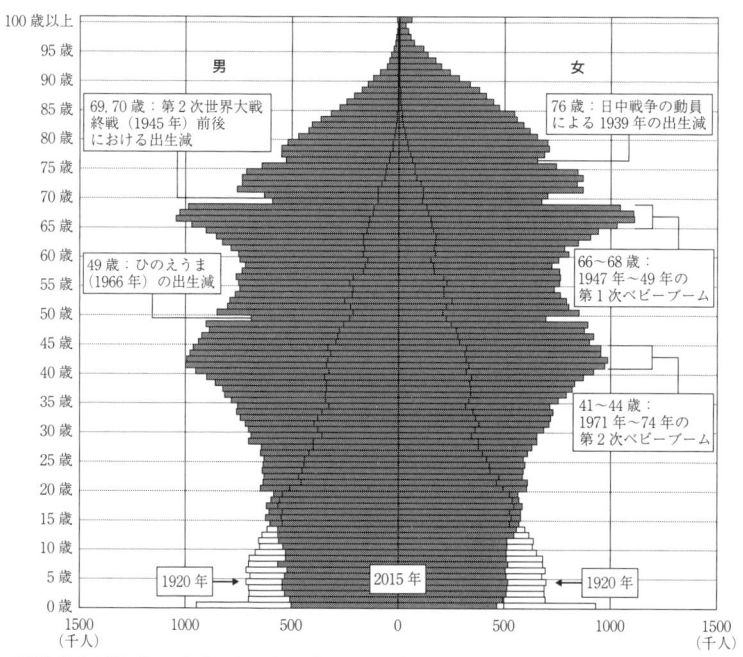

（総務省統計局（2016）「日本の人口ピラミッド」
https://www.stat.go.jp/info/today/114.html Accessed 28 December 2018）

**図 1-2　日本の人口ピラミッド**

の総人口は、1億2,659万人であった。前年の日本の総人口の自然減は39万4,373人であり、過去最高水準の減少幅であったが、さらに1年間で19万人減少したことになる。

　一方、「図1-2　日本の人口ピラミッド」にみるように、減少しているのは年少人口（15歳未満人口）と生産年齢人口（15歳以上65歳未満人口）であり、老齢人口（65歳以上人口）が増加する、少子高齢化が進行していることがわかる。少子高齢化の進行は、総務省統計局が2018年に示した「年齢3区分別人口構成割合の推移」（厚生労働省（2018）『平成30年　我が国の人口動態』p.6）においても確認することができる。

## 第3節　現代社会における子どもの健康に関する現状と課題

### 1　出　生

#### (1) 出生率・合計特殊出生率の低下

　出生率は、年間出生数÷人口×1,000という計算式によって算出される。2017年の出生数（厚生労働省人口動態統計）は、前年より3万人あまり少ない94万6,060人であった。出生数が100万人を割るのは2年連続である。出生数が前年より3万人あまりも減少したのは12年ぶりであった。

　合計特殊出生率は、15歳から49歳までの女性の年齢別出生率の合計であり、1人の女性が生涯に産む子どもの数として理解されることが多い。2017年の合計特殊出生率は1.43であり、2年連続で低下した。合計特殊出生率は、ここ数年の間、1.4台前半で推移している。全国で最も低い東京都は1.21であり、前年の1.24からさらに低下した。

#### (2) 出生率低下の要因

　出生率が低下する要因には、出産適齢期の女性の人口が減少していることが挙げられる。2017年の15歳から49歳までの女性の人口は2,498万人になり、前年に比べて1.3%減少した。25歳から39歳の女性の人口では、2.5%の減少がみられる。

晩婚化・晩産化が進んでいることも、出生率低下の要因である。第1子を出産する女性の平均年齢は 30.7 歳であり、過去最高水準を維持している。子どもを出産した女性を年齢階層別でみても、最も多かったのは 30 歳から 34 歳であった。45 歳以上の母親の出生数も、1,511 人と少ないながら、増える傾向にある。合計特殊出生率を女性の年齢階層別でみても、34 歳以下では減少したが、35 歳以上では上昇していた。

## 2 子どもの死亡

### (1) 妊産婦死亡

妊産婦が死亡した場合、子どもも死亡することがある。妊産婦死亡とは、妊娠中または妊娠終了後満 42 日未満の妊産婦の死亡である。妊産婦死亡率は、妊産婦死亡数÷（出生数 + 死産数）× 100,000 という計算式によって算出される。

### (2) 死　産

死産とは、妊娠満 12 週以後の死児の出産である。死産率*は、死産数（自然死産数 + 人工死産数）÷（出生数 + 死産数）× 1,000 という計算式によって算出される。2017 年の死産は 20.8 であり、前年より 0.2 減少した。

（*死産率……1 年間の出産 1,000 あたりの死亡数の比率。）

### (3) 周産期死亡

周産期死亡*とは、妊娠満 22 週以後の死産と、生後 1 週未満の早期新生児死亡を合わせたものである。周産期死亡率は、（妊娠満 22 週以後の死産数 + 早期新生児死亡数）÷（出生数 + 妊娠満 22 週以後の死産数）× 1,000 という計算式によって算出される。2017 年の周産期死亡率は 3.6 であり、前年より 0.1 減少した。（*周産期死亡……1 年間の出産 1,000 あたりの周産期死亡数の比率。）

### (4) 新生児死亡・乳児死亡

新生児死亡とは、生後 28 日未満の新生児の死亡である。新生児死亡率は、

新生児死亡数÷出生数×1,000 という計算式によって算出される。2017 年の新生児死亡率は 0.9（1,000 人あたり）であり、前年と比べると±0 であった。

　乳児死亡とは、生後 1 年未満の死亡である。乳児死亡率は、乳児死亡数÷出生数×1,000 という計算式によって算出される。2017 年の乳児死亡は 2.0（1,000 人あたり）であり、前年より 0.1 増加した。

　2017 年の乳児死亡の原因（厚生労働省人口動態統計）を以下に挙げる。

　　第 1 位：先天奇形、変形及び染色体異常
　　第 2 位：周産期に特異的な呼吸障害及び心血管障害
　　第 3 位：乳幼児突然死症候群（SIDS）
　　第 4 位：不慮の事故
　　第 5 位：胎児及び新生児の出血性障害及び血液障害

### (5) 幼児期以降の死亡

　幼児期以降の死因は、年齢階級別に調査されている。2017 年の乳児と幼児期以降の年齢階級別死因を以下に挙げる。

　　0 歳：先天奇形等、呼吸障害等、乳幼児突然死症候群（SIDS）
　　1 歳〜4 歳：先天奇形等、不慮の事故、悪性新生物
　　5 歳〜9 歳：悪性新生物、不慮の事故、先天奇形等
　　10 歳〜14 歳：悪性新生物、自殺、不慮の事故
　　15 歳〜19 歳：自殺、不慮の事故、悪性新生物

　現代の日本は、都市部を中心に子どもが生まれにくい社会である。一方、現代の日本社会においても、子どもが死亡することがある。特に、子どもが死亡する原因の上位を占め続ける不慮の事故や自殺については、保育者をはじめとするおとなの支援により、予防したり、減少させたりすることが可能である。

　保育者には、子育て支援を通して産み育てやすい社会づくりを進めたり、保育を通して子どもの生命を保持したりする役割を果たすことにより、子どもの健康に関する課題に取り組むことが期待される。

　健康であるためには、基本的な生活習慣を形成することが大切です。基本的な生活習慣の形成にかかわる子どもの意欲や態度は、日常生活において育つものです。

　保育士は、保護者と力を合わせて子どもの成長を支援するように心掛けています。基本的な生活習慣の形成にかかわる子どもの意欲や態度を育てるためには、保護者との協力が欠かせませんが、なかには、こうした協力が得にくく、個別の支援が必要ではないかと思われる保護者もいます。

　例えば保育所には、朝ごはんを食べずに登園する子どもがいます。勤務した園等で、朝ごはんを食べずに登園する理由を調べてみますと、子どもが嫌がって食べないといった理由の他に、食べる時間がないということで、保護者自身も朝ごはんを食べていない例がありました。

　保育においては、食育を実施しています。保育における食育では、食べる楽しさを経験することを大切にしています。子どもが楽しく食べるために必要なことには、食事のリズムをもてること、食事を味わって食べること、一緒に食べたい人がいることの他に、食事づくりや準備にかかわることや、食生活や健康に主体的にかかわることが挙げられています（厚生労働省「楽しく食べる子どもに──保育所における食育に関する指針」2004）。

　保育所では、発達段階に応じて、子どもが食事の準備にかかわります。子どもたちは、食事のためにかたづけたり、机を拭いたり、食事を運んだりしてくれます。食事をよそったり、盛り付けたりしてくれることもあります。子どもと一緒に、パンケーキやホットドッグ等をつくって食べることもあります。子どもたちは、食事の準備にかかわることを楽しんだり、誇らしく感じたりしているようです。

　保育所に登園する子どもの家庭環境は多様化しています。朝ごはんも、保護者だけでなく、子どもと一緒に準備してもよいかもしれません。例えば、パンにバターを塗ったり、チーズをはさんだり、飲み物をついだりする保育所での経験は、家庭での保護者との朝ごはんづくりにも役立つでしょう。

　子どもが朝ごはんを食べて登園できるようになるために、保育士にはもっとできることがあるのかもしれません。

（保育士　浅野俊幸）

## 第4節　地域における保健活動と子ども虐待防止

### 1　地域の保健活動における子ども虐待防止の必要性

　虐待は、子どものからだとこころに甚大な被害を与える。子どもを死亡させてしまう可能性があるだけでなく、情緒障害をはじめとする障害を生じたり、発育や発達に遅れがみられたりすることもある。

　特に、幼少期からの虐待を通して、特定の養育者との応答的なかかわりにおいて形成される、愛着（アタッチメント）の形成や、基本的信頼感の獲得が損なわれた場合、生涯にわたる発達に与えうる負の影響ははかりしれない。

　子どもの虐待の防止は、保育者の主要な役割である。保育者には、生活や遊びを通して子どものからだやこころの様子を日常的に観察したり、子育て支援を通して保護者や家庭の様子を把握し相談支援にあたったりすることにより、子どもの虐待を防止することが期待される。

　一方、子どもが虐待される背景には、複合的な要因がみられることもある。例えば、保護者が病気であったり、障害をもっていたりして、子どもの養育に課題があるような例では、保育者のみによる支援では限界があり、地域における包括的な支援が効果的な場合もある。地域における保健活動では、子育て支援や相談援助はもとより、心配される保護者と子どもを早期から支援することを通して、子どもの虐待防止のための主要な役割を果たしつつある。

### 2　子どもの虐待の防止

　保健活動における子どもの虐待を防止する過程は、1次予防、1.5次予防、2次予防、3次予防により構成される。市町村等、保健医療機関、児童相談所等を中心として、母子保健医療連携会議等の、地域のネットワークにおいて実施される。

　第一に、1次予防では主に、子育て支援に関する情報提供と相談援助が実施される。相談援助では、育児相談の他に、電話相談が活用されている。

　第二に、1.5次予防では、虐待が心配される親子を把握し支援に役立ててい

る。心配される親子は、市町村等への妊娠の届け出や、母子健康手帳の交付時に把握されることが多い。心配される親子には、保護者が病気である家庭をはじめ、保護者が若年で妊娠した家庭、ひとり親家庭、孤立化している家庭が挙げられる。1.5次予防では、保健師等による妊娠中からの家庭訪問を通して、子育てにかかわる保護者の不安を軽減する支援が実施される。具体的には、相談援助やカウンセリングの他に、仲間づくりや地域の多様な支援者につなぐ支援が挙げられる。

　第三に、2次予防では、虐待の早期発見や早期対応にかかわる支援が実施される。

　そして、第四に、3次予防では、子どもの保護から施設への入所措置、さらに親子関係の調整にわたる、虐待の再発を防止するための一連の支援が適用される。

### 3　虐待の早期発見

　保育において子どもの虐待を早期に発見するには、保育者による観察が重要な役割を果たす。保育における観察では、以下の点に留意する必要がある。

① 表情の観察……暗い、怯えた様子等がみられないか？

② 身体の観察……低身長や痩せなど、発育障害や栄養障害がみられないか？　不自然な外傷、皮下出血、骨折、熱傷、齲歯（虫歯）が多い等がみられないか？

③ 行動の観察……笑顔が少ない、泣きやすい、不活発、言葉が少ない、極端に落ち着きがない、多動、激しいかんしゃく、攻撃的な行動、衣服の着脱を嫌う、食欲不振、極端な偏食、拒食・過食等がみられないか？

④ 不適切な養育状態……不潔な服装や身体、歯磨きをしていない、健診・予防接種や保健医療機関を受診しない等がみられないか？

⑤ 保護者や家族の様子……子どものことを話したがらない、子どもの心身について尋ねても説明しない、子どもに対する拒否的態度、躾が厳しすぎる、叱ることが多い、不規則な登園時刻等がみられないか？

　虐待が疑われる場合、保育士等には、児童福祉法第25条「要保護児童発見

者の通告義務」に基づいて、市町村等、福祉事務所、あるいは、児童相談所に通告する義務がある。虐待かも、と思った時などには、全国共通ダイヤル「１８９」に連絡して、児童相談所に通告・相談することができる。通告・相談は匿名で行うこともでき、通告・相談した人やその内容に関する秘密は守られる。保育者には、虐待を早期発見し、心身の回復を支援するだけでなく、保育者間で情報を共有し、協力して保護者を見守るなど、子育て支援を通して虐待を予防する役割を果たすことが期待される。保育所を連絡なく欠席した家庭に様子を尋ねるなど、心配される保護者と日常的にコミュニケーションを重ねるように心掛ける。

## 4　保育所と地域の保健機関等との連携 ·····················

　保育所が子どもの保健に関して連携することが多いのは、市町村等の児童福祉担当局である。保健所や、保健センターとは、地域医療機関の受診や、児童虐待診断協力医との連携に関して、かかわることがある。子どもの虐待の場合、児童相談所や、要保護児童対策地域協議会（子どもを守る地域ネットワーク）との連携も重要になる。


■■■ さらに学習したくなったら？ ■■■ ·····················

参考文献に基づいて学習を発展させましょう。

① 厚生労働省（2018）『保育所保育指針（平成 29 年告示)』

　現行の「保育所保育指針」です。保育の実施と運営に関する事項について定められています。

② 汐見稔幸・無藤隆監修（2018）『〈平成 30 年施行〉保育所保育指針　幼稚園教育要領　幼ポイント』ミネルヴァ書房

　「保育所保育指針」等の改定に取り組んだ中心的なメンバーによる解説書です。「保育所保育指針」等が改定された背景、ねらいおよび内容等を詳しく学習することができます。

③ 汐見稔幸（2018）『こども・保育・人間』学研教育みらい

　子どもや保育にかかわる多様な課題に取り組んだ著者が保育者と語り合った成果をまとめた本です。保育者と著者との対話から子どもや保育にかかわる気づきや学びを得ることができます。

# 第 2 章

# 子どもの身体的発育・発達と保健

　保育の現場では、子どもの理解に基づいて、計画、実施および省察（自分の実践を振り返って改善するために考えをめぐらせること）を行います。

　特に乳幼児期から学童期にかけては、子どものからだやこころの育ちが著しい時期です。子どものからだやこころがどのように成長し、そのためにどのような環境を整備する必要があるかを理解しておくことは、保育における主要な課題です。

　第 2 章では、乳幼児期（小学校入学まで）から学童期（小学生）を中心に、まず、身長、体重、頭囲、胸囲をはじめとする子どものからだが、どのように育っていくかを学習します。そのうえで、子どものからだの動き（反射、粗大運動、微細運動等）や、からだの働き（脳・神経、体液の循環、呼吸、体温調節、消化と排泄、免疫等）について学んでいきます。

　子どものからだと、その動きや働きが育つために、保育者はどのような役割を果たすことができるでしょうか。からだにかかわる子どもの理解に基づいた保育を実践するために、学習を進めましょう。

### 考えてみましょう。話し合ってみましょう。

1　子どものからだや、からだの動きは、どのように育っていくのでしょうか。

2　子どものからだの働きにはどのような特性があり、どのように育ちますか。

3　子どものからだの育ちを支援するために、保育者には何ができるでしょうか。

## 1　子どもの身体発育

### （1）新生児期

図2-1　新生児

新生児期の子どもの身体発育については、厚生労働省により、乳幼児身体発育値が調査されている。一般に、出生時の体重は3,000g（3kg）、身長は50cm、頭囲は33cm、胸囲は32cm程度といわれる。厚生労働省による2010年の乳幼児身体発育値の調査では、表2-1のような結果であったことが示された。

新生児期の体重の発育では、生理的体重減少がみられることに注意が必要である。生理的体重減少とは、生後3～4日頃の新生児に出生体重の5～10％程度の体重の減少がみられることである。3,000gで出生した場合、体重が15～30g程度減少することがある。生理的体重減少は、生後7～10日程度で回復する。

新生児期の体重の発育において、2,500g未満または4,000g以上の場合には、特に表2-2のように区分される（大阪府立母子保健総合医療センター「低出生体重児保健指導マニュアル」2012）。低出生体重児で、からだの形態や機能の成熟度が心配される例では、訪問した保健師等による相談援助や、養育支援の対象になることがある。

新生児期の子どもの頭部には、泉門とよばれる、頭蓋骨の縫合部が癒着していないすきまが2つある。頭頂骨と後頭骨に囲まれた小泉門は、生後3ヶ月頃に閉鎖する。前頭骨と頭頂骨に囲まれた大泉門は、1歳6ヶ月頃に閉鎖する。

生後6ヶ月頃から、乳歯が生え始める。乳歯は、胎生期（受精した瞬間から出産までの約10ヶ月間）に形成されている。1歳頃には、上下4本の乳歯が生える。

表 2-1　出生時の身体発育値

|  | 男児 | 女児 |
|---|---|---|
| 平均体重 | 2,980g | 2,910g |
| 平均身長 | 48.7cm | 48.3cm |
| 平均頭囲 | 33.5cm | 33.1cm |
| 平均胸囲 | 31.6cm | 31.5cm |

表 2-2　出生体重の区分

| 体　重 | 区　分 |
|---|---|
| 2,500g 未満 | 低出生体重児 |
| 1,500g 未満 | 極低出生体重児 |
| 1,000g 未満 | 超低出生体重児 |
| 4,000g 以上 | 巨大児 |

## （2）乳幼児期

### 1）乳児期

　乳児期では、月齢が小さいほど、1日あたりの体重増加量が大きい。生後1〜2ヶ月では体重が1日あたり20g以上増加するが、生後3〜5ヶ月では1日あたり10g以上、その後は5g以上程度増加する。体重は、生後3ヶ月頃には出生時の約2倍に、1歳頃には出生時の約3倍になる。

　身長は、1歳頃に出生時の約1.5倍になる。頭囲は、生後2ヶ月頃に胸囲とほぼ等しくなる。頭囲は、1歳頃に約45〜46cmになる。胸囲は、1歳頃に男児では約45〜47cmに、女児では約44〜46cmになる。胸郭（胸部の骨格）は、乳児期に円柱状になり、前後径と左右径がほとんど等しくなる。

### 2）幼児期

　1歳以上の幼児期には、体重の増加速度が乳児期よりゆるやかになる。体重は、2歳頃に出生時の約4倍になり、4歳頃には出生時の約5倍になる。

　身長は、4歳に出生時の約2倍になる。頭囲は、4歳頃に約50cmになる。胸囲は、4歳頃に、男児で約51〜54cmに、女児では50〜53cmになる。乳歯は、3歳頃に20本すべてが生え揃う。

## （3）学童期・思春期

　体重と身長は、思春期に急増する。身長は、12歳頃に出生時の約3倍になる。10〜12歳頃には、女児の身長が一時的に上位に位置することがある。

　乳歯は6歳頃から抜け始め、永久歯に生え変わる。永久歯は、20歳頃に、32本すべてが生え揃う。

| 1～3歳 | 6～7歳<br>小学低学年 | 10～12歳<br>小学中・高学年 | 13～15歳<br>中学生 |

図 2-2　乳幼児期から学童期・思春期の身長発育

　学童期から思春期にかけては、第二次性徴という、性ホルモンによる形態的な変化がみられるようになる。男子では、体毛の出現、変声、精通、筋肉・骨格の発達などがみられる。女子では、乳房の発育、体毛の出現、初経（初潮）、皮下脂肪の増加などがみられる。

## 2　子どもの身体発育の評価

　子どもの身体発育の評価では、基準値（パーセンタイル）か、発育指標が用いられる。パーセンタイルとは、データを小さい順に並べた時、初めから数えて全体の何％に位置するかを示す値である。90 パーセンタイルであれば、最小値から数えて 90％に位置する値であることを示す。

### (1) 基準値（パーセンタイル）

　基準値としては、図 2-3 の身体発育曲線に代表される、乳幼児身体発育値（パーセンタイル値）が用いられる。乳幼児身体発育値は、出生時から 6 歳 6 ヶ月未満の乳幼児に用いられる。10 パーセンタイル値未満か 90 パーセンタイル以上、あるいは、3 パーセンタイル値未満か 97 パーセンタイル以上で、経過

観察の対象になる。

## （2）発育指標

発育指標では、カウプ指数、ローレル指数、肥満度が用いられる。

### 1）カウプ指数

カウプ指数は、乳幼児期（小学校入学まで）に用いられる。カウプ指数は、体重（g）÷身長（cm）$^2$ × 10 という計算式によって算出される。この式を変形すると、おとなの肥満度を評価する BMI（Body Mass Index）を算出する式（体重 kg/身長 m$^2$）と同じになる。

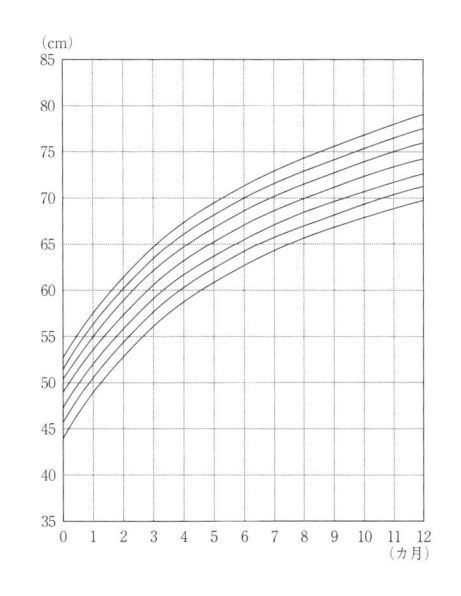

**図 2-3　乳児（男児）身体発育曲線（身長）**
（平成 22 年乳幼児身体発育調査報告書）

厚生労働省の判定基準では、カウプ指数は 15〜17 で普通、14 以下でやせぎみ、18 以上で太りぎみと判定される。

### 2）ローレル指数

ローレル指数は、7 歳から 16 歳未満まで用いられる。ローレル指数は、体重（kg）÷身長（cm）$^3$ × 10$^7$ という計算式によって算出される。環境省疫学研究班による研究成果によれば、115〜144 で普通、100 未満でやせすぎ、160 以上で太りすぎと判定される。

### 3）肥満度

肥満度は、幼児期から用いられる。肥満度（％）は、（実測体重 − 標準体重）÷標準体重× 100 という計算式によって算出される。小学生の標準体重は、身長（m）$^3$ × 13 という計算式によって算出され、20％以上で肥満と判定される。日本学校保健協会が 2006 年に発行した「児童生徒の健康診断マニュアル（改訂版）」に基づくと、小学生では、20％以上で軽度肥満、30％以上で中等度肥満、50％以上で高度肥満と判定される。

## 3 子どもの運動機能の発達 ·······························

### (1) 新生児期

#### 1) 原始反射

新生児期には、神経系の発達が未熟なため、原始反射がみられる。原始反射には、以下のようなものがある（①〜③は哺乳反射という）。

① 吸啜反射：乳を吸う動作。

② 捕捉反射：唇と舌で捕まえる動作。

③ 探索反射：頭や口を刺激された方向に向けようとする動作。

④ 自動歩行（起立）反射：脚を交互に歩くように動く動作。

⑤ モロー反射：手足を伸ばし、抱きつくように曲げる動作。

⑥ バビンスキー（足裏）反射：指を扇のように開く動作。

⑦ 把握反射：強く握りしめる動作。

⑧ 緊張性頸反射：仰臥位（あおむけ）で頭を一方に傾けると、頭を向けた側の手足を伸ばし、反対側の手足を曲げる動作。

⑨ 匍匐反射：腋の下をかかえて腹臥位（うつ伏せ）にすると、はうように動く動作。

⑩ 追視反射：目の前に何かを見せて動かすと、目でその動きを追う動作。

### (2) 乳児期

乳児期には、姿勢の保持、手足の動きにかかわる運動機能が著しく発達する。以下では、デンバー式発達スケール日本版に基づいた目安（90％通過率：9割の子どもができるようになる時期の目安）を挙げる。

#### 1) 姿勢の保持

① 首のすわり

　頭を上げる：生後1ヶ月頃まで

　首がすわる：生後3〜4ヶ月頃

② 寝返り：生後5〜6ヶ月頃

③ おすわり（5秒以上）：生後7〜8ヶ月頃

⑤ つかまり立ち（5秒以上）：生後10ヶ月頃

### 2）手先の運動

手先にかかわる運動では、肩から腕、手掌（手のひら）、指先へと、体幹の中心から末端に向けて発達が進む。

① ガラガラを握る：生後3ヶ月頃

② 物に手を伸ばす：生後5ヶ月頃

③ 両手に積み木を持つ：生後9ヶ月頃

④ 親指を使ってつかむ：生後10ヶ月頃

⑤ 積み木を打ち合わせる：生後11ヶ月頃

## （3） 幼児期

幼児期には、歩行にかかわる運動機能の発達が著しく進む。手先の運動では、経験などに伴って、個人差がみられる。以下では、デンバー式発達スケール日本版に基づいた目安（90%通過率：9割の子どもができるようになる時期の目安）を挙げる。

### 1）歩行運動

① 上手に歩く：1歳3〜5ヶ月頃

② 走る：1歳6ヶ月頃

③ 階段を登る：1歳8ヶ月頃

④ ボールを蹴る：1歳9ヶ月頃

⑤ ジャンプ：2歳頃

⑥ けんけん：3〜4歳頃

### 2）手先の運動

① なぐり描きをする：1歳3〜4ヶ月頃

② 積み木を2個積む：1歳6ヶ月頃

③ 積み木を6個積む、手を洗って拭く：2歳

④ 縦線を模写する、円を模写する、上着を着る、靴をはく：3歳

⑤ 三角形、四角形を模写する、歯磨きをする：4歳

## 第2節 子どもの生理機能の発達

### 1 中枢神経系の発達

出生時の脳の重量は約 400g であるが、1 歳頃には約 2.5 倍になる。3 歳では約 80％まで、6 歳では約 90％まで、発達が進む。

#### (1) 大 脳

大脳は、脳の約 80％を占める。大脳皮質は、旧皮質、古皮質、新皮質により構成される。旧皮質と古皮質（大脳辺縁系）は、食や性などにかかわる本能行動や、おそれや怒りなどにかかわる情動行動に関係している。新皮質は、意思や学習等にかかわる高度な精神作用に関係している（図 2-4）。

大脳は、以下のように、4 つに区分される。

① 前頭葉：感情、思考、創造、言語の発声、随意運動（自己の意思あるいは意図に基づく運動）とその統合にかかわる。

② 頭頂葉：皮膚や筋肉の感覚、読み書きの機能、認識にかかわる。

③ 側頭葉：聴覚、記憶機能にかかわる。

④ 後頭葉：視覚にかかわる。

#### (2) 小脳・間脳

小脳は、手足の運動機能の調節にかかわる。小脳には、身体や姿勢のバランスを保つ働きがある。

間脳は、視床と視床下部に分かれる。視床は、皮膚や筋肉に与えられた刺激を知覚として視床下部や大脳に伝える。視床下部は、諸臓器や血管、内分泌系の活動を調整する自律神経の中枢である。

#### (3) 脳 幹

脳幹は、中脳、橋、延髄から構成される。脳幹は、生命の維持に必要な心臓、呼吸の活動、体温調整などにかかわる。

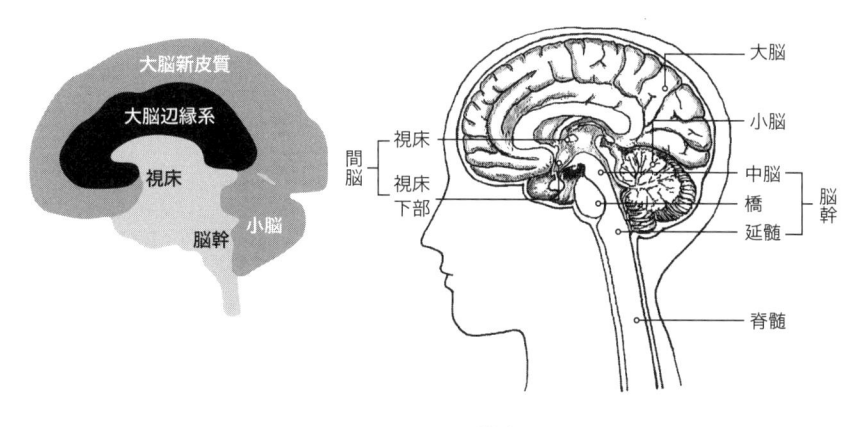

図 2-4　脳の構造

## (4) 脊　髄

　脊髄は、延髄に続き、脊柱の中を腰部まで伸びる。左右の側面から出る 31
対の脊髄神経が、身体各部からの刺激を脳に伝え、脳からの運動指令を筋肉に
伝える。

## (5) 神経細胞（ニューロン）

　神経細胞は、中枢神経系を構成する最小単位である。中心に細胞体があり、
そこから多数の枝のような樹状突起が伸びる。樹状突起のうち、特に太く長く
伸びているものを軸索という。その末端に別の神経と接合するシナプス（神経
細胞が互いに結合し神経経路を形成
する部位）が形成され、軸索を通
じて神経細胞間の情報の受け渡し
が行われる。軸索は髄鞘とよばれ
る細胞で覆われている（図 2-5）。
髄鞘ができる過程（髄鞘化）は、
胎児期（主要な器官が形成される妊
娠 8 週頃の終わりから出産までの
間。一般に妊娠 9～40 週にあたる）

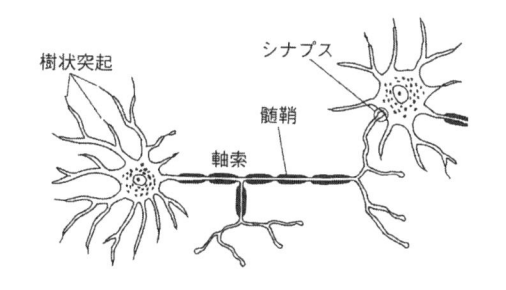

図 2-5　ニューロンの模式図
（山本健一（2000）『意識と脳』サイエンス社，p.8 の
図を改変）

に始まり、20 歳頃に終了する。

## 2 循環器系の発達

　胎児は母体の胎盤から臍帯を流れる血液を通して酸素や栄養素を受け取る。これを胎児循環という。出生と同時に、肺呼吸が可能になり、自分の心臓の力による循環に移行する。

　おとなの1分間あたりの脈拍は 60〜80 回、おとなの血圧は 120〜130/80〜85mmHg 程度であるが、子どもでは、発育・発達過程にあるため、発達段階ごとに表 2-3、2-4 のように異なる（内山聖監修『標準小児科学（第8版）』医学書院，2015，p.431，434）。

<table>
<tr><td colspan="2">表 2-3　脈　拍</td></tr>
<tr><td>新生児（生後 28 日未満）</td><td>120〜150 回/分</td></tr>
<tr><td>乳児（1 歳未満）</td><td>120〜140 回/分</td></tr>
<tr><td>幼児（1 歳以上小学校入学まで）</td><td>90〜120 回/分</td></tr>
<tr><td>学童（小学生）</td><td>80〜100 回/分</td></tr>
</table>

<table>
<tr><td colspan="2">表 2-4　高血圧と考える判定基準</td></tr>
<tr><td>幼児</td><td>120/70mmHg</td></tr>
<tr><td>学童（小学生低学年）</td><td>130/80mmHg</td></tr>
<tr><td>学童（小学生高学年）</td><td>135/80mmHg</td></tr>
</table>

## 3 呼吸器系の発達

　肺呼吸は、出生とともに開始される。乳児期には腹式呼吸が、幼児期には胸腹式呼吸が行われる。おとなの1分間あたりの呼吸回数は 16〜18 回程度であるが、子どもでは、発育・発達過程にあるため、発達段階ごとに表 2-5 のように異なる（内山聖監修『標準小児科学（第8版）』医学書院，2015，p.375）。

<table>
<tr><td colspan="2">表 2-5　呼吸回数</td></tr>
<tr><td>新生児</td><td>29〜32 回/分</td></tr>
<tr><td>乳児</td><td>22〜28 回/分</td></tr>
<tr><td>幼児</td><td>20〜28 回/分</td></tr>
<tr><td>学童</td><td>18〜20 回/分</td></tr>
</table>

## 4 体温調節機能の発達

　体温には、恒常性（ホメオスターシス）により一定に保とうとする機能が働く。体温には日内周期がある。早朝が一番低く、午後との差は 0.1〜0.4℃ 程度である。睡眠時か活動時かによっても、約 1.0℃ の体温の差がある。体温は、

腋窩温が最も低く、次に高いのが口腔温、最も高いのが直腸温である。

　一般に、37.5℃以上を発熱という。乳幼児では、体温が37℃を超えていても正常であることがある。子どもの体温は、哺乳（乳を飲ませること）、啼泣（泣くこと）、運動により変化しやすい。子どもの体温では、環境温度の影響を受けやすいことにも注意が必要である。

　子どもの体調に変化がみられる場合、体温を測定するとともに、顔色、表情、機嫌、行動、発熱以外の症状（鼻汁、咳嗽（せき）、食欲低下、嘔吐、下痢、発疹、痛みの訴え等）の変化を合わせて観察する。

## 5　消化器・泌尿器系の発達

### (1) 口腔・胃

　乳児期の胃の噴門部（食道につながる胃の部分。胃の上部）の閉鎖機能は未熟であり、哺乳後に十分に排気（乳児を縦抱きにして背中を下から上にさすり、乳と一緒に飲み込んだ空気を出す。げっぷ）する必要がある。

### (2) 排　尿

　乳児期には、排尿の生理機能が未熟である。1歳頃から、中枢神経の発達により抑制が可能になるため、排尿の間隔が長くなる。2歳前後から、排尿のコントロールができるようになる。3～5歳頃から、睡眠中の尿量が減り、夜間の排尿も自立するようになる。

　腎臓の機能が未熟で、尿の濃縮力がおとなの約半分であるため、水分をこまめに摂取する必要がある。

### (3) 排　便

　乳児期には、胃に食物がくると、腸の蠕動運動（腸を動かす運動）に伴い、脊髄反射が刺激されて、肛門括約筋が弛緩し、排便に至る。1歳6ヶ月～2歳頃には、排便コントロールが可能になり、便意を伝達することができるようになる。

　乳児期には、胎児期の便である胎便がみられる他に、食事の違いが便にも現

われる。

① 胎便：腸粘膜や羊水などから構成される、黒褐色または暗緑色の、無臭の便である。生後 12 時間以降から 2〜3 日間持続してみられる。生後 3 日頃から移行便（お乳を飲み始めると少しずつみられるようになる黄色みのある便）になる。

② 母乳・人工栄養児の便：母乳栄養児では、卵黄色で、酸臭の、軟便がみられる。人工栄養児では、硬めで、便臭のある便がみられる。

③ 離乳食後の便：おとなと同様に、1 日 1〜2 回程度の有形便がみられる。

## 6 免疫系の発達

### (1) 受動免疫

免疫の抗体の本体を形成するタンパク質を免疫グロブリンという。妊娠 3 ヶ月頃には、胎盤を通して IgG（免疫グロブリン G）が胎児に移行する。移行した IgG は生後 6 ヶ月頃まで働く。IgA（免疫グロブリン A）は授乳を通して乳児に移行する。IgA は初乳に多く含まれる。

### (2) 能動免疫

感染や予防接種によって、子どもの体内で抗体が産生される。胸腺、脾臓、リンパ節といった免疫にかかわる臓器の発達による影響も受ける。生後 7 ヶ月以降に増加し、6〜8 歳頃におとなと同様になる。

### さらに学習したくなったら？

参考文献に基づいて学習を発展させましょう。

① Newton（2016）『やさしくわかる人体のしくみ』ニュートンプレス

本書は、自分の一部であってもあまり詳しく知る機会のない、人のからだの構造や仕組みについて学習する助けになります。たくさんの美しくわかりやすいイラストが、人のからだへの興味・関心を育ててくれることでしょう。

② 独立行政法人産業技術研究所デジタルヒューマン工学研究センター（2013）『子どものからだ図鑑』ワークスコーポレーション

　日本で実測した膨大なデータに基づいて、子どものからだの理解を助けてくれる本です。からだの大きさ、力、行動特性をふまえた保育・教育について理解し実践するヒントを与えてくれます。

③ 榊原洋一（2008）『大人が知らない子どもの体の不思議』講談社

　子どもはおとなを小さくしただけの存在ではありません。子どもには子どもに特有の多様な力があります。子どものからだの不思議を通して、幼い頃からもつ子どもの力について楽しく学習することができます。

# 第3章
## 子どもの心身の健康状態とその理解

　保育では、子どものからだやこころの健康に不具合がみられることが日常的にあります。子どもは、からだやこころの健康に不具合を生じても、自分では気づかなかったり、適切に行動したり支援を求めたりすることができない場合も多くあります。そのため、子どものからだやこころの健康状態を日頃から観察し、子どもの健康を支援し増進することは、保育者の主要な役割です。

　第3章では、保育において、子どものからだとこころの健康状態を観察するための理解や支援にかかわる、基本的な事項を挙げます。そのうえで、子どものからだとこころそれぞれに支援が必要な場合の症状や行動と、保育における基本的な対応を示します。さらに、保健医療機関や、家庭との連携・協働のあり方にも言及します。

### 考えてみましょう。話し合ってみましょう。

1　子どもの健康状態を観察するための基本的なポイントを挙げてみましょう。

2　子どものからだやこころの不具合にはどのようなことがあるでしょうか。
　また、保育ではどのように対応できるでしょうか。

3　子どもの健康状態にかかわる保健医療機関との連携・協働には、どのようなことがあるでしょうか。

4　子どもの健康状態にかかわる家庭との連携・協働において、保育者にはどのようなことができるでしょうか。

## 第1節　健康状態の観察

　第1章第2節で学習したように、「健康」であるとは、病気でないとか、からだが弱くないということではなく、身体的にも精神的にも社会的にもすべてが満たされた状態であった。以下では、子どもが健康であるために、保育者として子どもを観察する必要がある事項や内容を中心に学習する。

### 1　子どもの健康評価と基本的看護

#### (1) 全身状態の観察

　身体の機能がまだ十分に育っていない乳幼児は、保育中に体調が変化したり、体調が急速に悪化したりすることがある。自分で体調の変化に気づいたり、体調の変化を伝えたりすることが難しい乳幼児では、保育者が子どもの全身状態の変化をこまめに観察し、変化に応じて適切に対応する必要がある。

　保育者として実践することが求められる全身状態の観察としては、まず子どもの機嫌、表情や、元気さ、泣き方の変化に注意する。また、食事、排泄、睡眠、遊びなど、生活の様子にも注意する必要がある。一般に、体温は登園時に、また、呼吸状態等は午睡（昼寝）時にも確認するが、乳幼児の体調に変化がみられる場合に、看護師等とも連携・協働して、体温、呼吸、脈拍（心拍）、血圧など、バイタルサインを測定し、記録する。

　体調の変化は、気持ちの変化に影響を与えることがある。乳幼児でも、表情や動作などにいつもと異なる点がないかをみることにより、不安感・恐怖感や、心配な気持ちがないかどうかを観察できる。

#### (2) 家族との情報の共有

　送迎の機会や、連絡した際に、子どもの家庭での様子や、降園から登園までの様子を家族に確認する。保育者もまた、保育中の子どもの様子を家族に伝えることを通して、共に子どもの健康を支援し、増進することができる家族との関係づくりを日常的に進める。

### (3) 体調不良の子どもへの対応

　子どもの体調が心配される場合、からだだけでなく、こころの安静が保たれるように、子どもの苦痛や不安をやわらげる支援が必要になる。体調不良は、体調不良そのものによる不快と苦痛を与えるだけでなく、不安や抑うつ状態をもたらすことがある。子どもは体調が悪いと、いらいらした思いをぶつけたり、安心を得るためにいつも以上に手をかけてくれることを求めたりするようになる。子どもは、体調不良にかかわる理解が十分でないために、必要以上に不安を感じたり、自信をなくしたり、罪悪感を感じたりすることもある。子どもに寄り添い、そのありのままを受容しながら、話をよく聴いたり、安心できるようにスキンシップを重ねたり、状態に応じて一緒に楽しく遊んだりしながら、不安をやわらげるように努める必要がある。

　適切な支援を実施できるように、嘱託医や、子どものかかりつけ医など、医師や保健医療機関とも連携する。

　子どもの体調について保護者に迅速に連絡できるように、勤務先などの連絡先が変更された場合に、園にも届けてもらえるように伝えておく。

## 2　からだの症状と対応[1]

### (1) 発　熱

　発熱が心配される場合、体温をはじめとする、バイタルサインを測定する。一般状態（バイタルサイン、栄養状態、尿量、意識状態などの全身的な様子）の他に、発疹（ほっしん）、咳嗽（がいそう）（せき）、鼻汁（びじゅう）（はなみず）、下痢、嘔吐、疼痛（とうつう）（痛み）など、随伴症状がないかも確認する。

　発熱がみられた場合、からだを冷却または保温（子どもが寒さで震えている場合など）し、電解質（細胞や臓器の機能にかかわる物質。ナトリウムやカリウム等がある。少なすぎても多すぎても生命を保持できなくなることがある）を含む水分をこまめに補給するとともに、安静を保持する。

### (2) けいれん（ひきつけ）

　けいれんは、意思に関係なく、筋肉が発作的に激しく収縮することによって

生じる。けいれんの発作中には意識がない。乳幼児では、熱性けいれんが最も多い。

　けいれんの発作には、表3-1のように、強直発作、間代発作、強直間代発作、ミオクロニー発作（ミオクローヌス）、脱力発作、欠伸発作がみられる。

表3-1　けいれん発作の種類

| | |
|---|---|
| 強直発作 | 全身の筋肉を硬くつっぱってこわばらせる発作。体幹がのけぞるようになり、眼球が上転して、呼吸が停止する。発作が続くとチアノーゼ（後述）が生じる。 |
| 間代発作 | 筋肉の収縮と弛緩を短い周期で繰り返す発作。手足をガクガクさせて屈曲（関節を曲げる動作）と伸展（関節を伸ばす動作）を繰り返す。 |
| 強直間代発作 | 強直発作に続いて、間代発作を生じる。典型的なけいれん発作である。 |
| ミオクロニー発作（ミオクローヌス） | 筋肉や四肢が瞬間的にピクッと収縮する発作。一部の筋肉にみられる場合や、全身にみられる場合がある。持っているものを落としたり、倒れたりすることがある。通常、意識は保たれているが、数秒間程度意識を消失することがある。 |
| 脱力発作 | 姿勢を保持する筋肉の緊張が低下して、突然転倒する発作。一般に、発作の時間は数秒間程度である。 |
| 欠伸発作 | それまでの行動が急に止まって、数秒〜数十秒間、意識を消失する発作。発作中に呼びかけても反応がないことで気づかれることが多い。1日に何度も発作を繰り返すことがある。 |

　けいれんを発症した場合、保育者は、他の保育者等と協力して、子どもを安全な場所に寝かせ、衣服を緩める。安静を保ちながら、子どもの顔を横に向けて頭を後ろに少し反らせ、けがや誤嚥等の二次障害を予防する。同時に、前掲のけいれん発作の種類、発症部位（全身か、部分か。部分であればその部位）、左右差の有無（けいれんが片側にみられる場合、てんかん症候群等が疑われることがある）発症時間、意識の回復程度など、けいれんの状態を観察する。嘔吐、意識障害、発熱、チアノーゼといった、随伴症状がみられないかにも注意する。けいれんが回復しても子どもを見守るようにする。落ち着いたら、発症前の子どもの行動（発熱、啼泣：泣くこと、外傷など）や、けいれんにかかわる既往症（熱性けいれん、てんかんなど）についても確認しておく。

　一般に、けいれんが5分間以上続く場合に救急車を呼ぶ（119番通報する）

必要があるが、保育者には、けいれんを初めて発症した場合や、年少児（特に1歳未満児）が発症した場合など、子どもの実情に応じて5分間以内に通報することが奨励されている[2]。救急車を呼ぶ場合、保育者は役割を分担して子どものそばを離れないように心掛ける。

## (3) 腹　痛

　腹痛が疑われたり、生じたりした時には、バイタルサインを測定し、部位や程度など、疼痛の状態を確認する。食欲、発汗（はっかん）、活動の様子など、一般状態にも注意する。下痢、腹部膨満（ふくぶぼうまん）、腹鳴（ふくめい）（おなかの音）、便秘、嘔気（おうき）（吐き気）、嘔吐など、随伴症状がないかも観察する。また乳幼児期には、消化器系の心身症として反復性腹痛を発症することがある。心理的な背景があって生じる反復性腹痛では、緊張や不安といった心理的な要因を取り除いて、子どもが安心感をもつことができる環境を整えることが必要である（第3章第2節コラム③も参照）。

　腹痛がある場合、保温したり、さすったりして、疼痛を緩和する。子どもが仰臥位（ぎょうがい）（仰向け（あおむ）け）で寝ている場合に膝を立てて安静を保持するなど、子どもの様子や症状に応じて痛みをやわらげる手当を行う。痛みが続いたり、繰り返されたり、嘔吐や下痢等の随伴症状がみられる場合、医師や保護者に連絡する。

## (4) 嘔　吐

　嘔吐が生じた場合、吐物の内容、量、回数などを観察する。嘔気、食事の有無や内容、咳嗽、頭部打撲、機嫌といった、嘔吐にかかわる状態を観察する必要もある。特に、頭部を打撲した疑いのある後に嘔吐を生じた場合、出血等のおそれがあることから、注意が必要である。発熱、腹痛、腹部膨満、下痢、頭痛、意識障害、けいれん、咳嗽、呼吸の変化といった、随伴症状の有無についても確認する。またコラム③に挙げられた周期性嘔吐症のように、心理社会的な要因を伴って嘔吐する場合には、つらさや不安を受容・共感しながら、子どもが気持ちや考えを自由に表明しやすい支援を継続して行う必要がある。

　嘔吐の際には、窒息を予防するとともに、吐物をすみやかに片付けたり、部

屋を換気したりして、嘔吐の誘発を避ける。嘔吐が落ち着いたら、水分を補給する。激しい嘔吐を繰り返す場合には、医師に連絡する。

## (5) 下　痢

　下痢では、色、量、臭い、混入物の有無や、回数など、便の性状を確認する必要がある。発熱、嘔吐、腹痛、腹部膨満、脱水症状、食欲低下といった随伴症状の発症にも注意する。

　下痢を発症した場合には、水分を少しずつ十分に補給するとともに、安静や保温を維持する。臀部（尻）を清潔にし、感染予防にも気をつける。

## (6) 脱　水

　脱水とは、生命の保持に不可欠な水分や電解質が不足している状態である。脱水状態では、生命を保持することに支障をきたす危険性があるため、適切な対応をすみやかに実施する必要がある。

　元気がない、顔色が悪い、口唇や舌が乾燥している、泣いても涙が出ない、皮膚の弾力性が低下している、唾液（よだれを含む。）や尿量が低下している場合に、脱水が疑われる。乳児では、大泉門（第2章第1節1（1）を参照）の様子（陥没している等）も観察する。脱水の原因になりうる、下痢、嘔吐、発熱の有無や程度、飲水量や食事量の減少にも注意する。

　脱水が疑われる場合、塩類を含む水分を少量ずつ何度も摂取させる。皮膚や粘膜の清潔を保つ。脱水が進むと、けいれんを起こしたり、意識がなくなったりするため、脱水を認める場合、医師にすみやかに連絡する。

## (7) 便　秘

　週に3回以上排便がない、または5日以上排便がないことが続く場合、便秘と考えられる。毎日排便があっても、便が硬く痛くて排便しにくい、便が硬く排便時に出血する場合にも、便秘と考えられる。

　便秘が心配される場合、便の硬さや量、排便のない日数など、便秘の程度を確認する。腹痛、腹部膨満、発熱、食欲不振といった、随伴症状がないかどう

かも観察する。食事の内容や量が適切か、ゆとりのある生活を送っているかなど、飲食物や生活習慣との関係にも留意する。

便秘の対応では、排便時間を整えたり、規則正しく生活したりするなど、生活習慣の改善を進める。遊びを工夫したり、腹部マッサージを取り入れるなど、適度に運動することでも効果がみられる。食物繊維を摂取するように心掛け、調理方法や盛り付けを工夫して食べやすくするなど、食事内容を検討することも必要である。

### (8) 発 疹

発疹がみられる場合、形状、色、部位、程度など、発疹の状態を観察する。発熱、鼻汁、咳嗽、下痢、腹痛、掻痒（かゆみ）など、随伴症状がないかも確認する。アレルギー症状として発疹がみられることがあるので、食事や、薬剤の使用との関係についても注意を払う。

発疹を含めて皮膚や粘膜を保護し、清潔に保つ。感染予防が必要な場合、発疹のある子どもを隔離する。（発疹を伴う主な感染症の特徴や予防対策については第4章第2節を参照。）

### (9) 鼻閉（鼻づまり）

鼻閉がみられる場合、発熱、鼻汁、咳嗽、呼吸困難など、随伴症状がないかを確認する。睡眠時間や、食事量など、一般状態に影響がみられていないかについても注意する。

鼻閉の原因になっている分泌物を除去するとともに、汚物を適切に処理して感染を予防する。症状が落ち着いたら、鼻のかみ方を子どもに教える。

### (10) 呼吸困難

呼吸困難が生じるような場合、いつから、どのように発症したかを把握する。バイタルサインを測定し、顔面蒼白、皮膚の冷感（肌が冷たくないか）、チアノーゼ（後述）、意識障害（後述）など、随伴症状がみられないかを観察する。誤嚥した可能性がないかを確認する。

医師に連絡するとともに、背部を高くしたり、肩甲骨の下にタオルや枕を入れたり（これを肩枕という）、クッションにもたれられるようにしたりして、呼吸しやすい姿勢を保持し、不安を和らげるようにする。呼吸を困難に感じる場合、不安や恐怖が強くなる傾向がある。落ち着いた雰囲気で接し、身体をさするなどの心地よいスキンシップを重ねて、子どもがリラックスできるように努める。部屋の温度・湿度を調整し、新鮮な空気をとりいれる。

### (11) チアノーゼ

　チアノーゼとは、血中の酸素の割合が減少し、皮膚や粘膜が青紫色にみえる状態である。チアノーゼの状態、部位や、持続時間を確認する。一般状態、皮膚の冷感、運動への影響（どの程度の運動をするとチアノーゼがみられるのか）、精神的なショックの様子や、浮腫（むくみ）など、随伴症状を発症していないかにも注意する。

　チアノーゼがみられる場合、医師に連絡し、呼吸しやすい姿勢をとらせたり、安静を保ったり、保温したりする必要がある。酸素療法が適用されることがある。

### (12) 浮　腫

　浮腫がみられる場合、浮腫の状態、部位および程度を観察する、バイタルサインを測定し、尿量、体重、食事量を確認する。

　浮腫が全身にみられ、呼吸困難等を伴う場合、上体を高くして安静に過ごす。保温したり、皮膚や粘膜を保護して清潔に保ったりする。水分や塩分等を制限する食事療法が必要になることがある。家庭と連携しながら、子どもが楽しみながら食事したり、発達に応じて症状や治療について理解したりすることができる工夫などを通して食事療法を支援する。

### (13) 意識障害

　意識障害とは、知覚、認知、刺激に対する適切な反応が損なわれている状態である。傾眠（刺激をすれば覚醒し、呼びかけに反応する）、昏迷（刺激に対して

振り払うといった自発運動がある）、半昏睡（自発運動はほとんどないが、痛み刺激に反応する）、昏睡（痛み刺激にもまったく反応しない）がみられないかを確認する。

　意識障害がみられる場合、生命の保持が懸念される事態であることから、医師に連絡するとともに、保温して循環を助け、感染などから保護するために清潔に保つ。保健医療機関に搬送されるまでの間、気道を確保し、呼吸が止まっていたり、心臓が動いていないとみられる場合、一次救命処置を行う。

---

**〈一次救命処置〉**

　一次救命処置では、心肺蘇生（胸骨圧迫・人工呼吸）と、AED（自動体外式除細動器）を実施する[3]。

　一次救命処置では、刺激を与えながら声を掛けて子どもの「反応（意識）を確認」し、反応がなければ他の職員を大声で呼んで「119番通報とAED準備を依頼」する（誰もいなければ自分が119番通報し、近くにあればAEDを準備する）。「呼吸を確認」し、正常な呼吸を確認できなければ、あご先を挙上して「気道を確保」し、「人工呼吸を2回」と「胸骨圧迫を30回」実施する[4]。

　人工呼吸では、子どもの鼻をつまみながら、口で子どもの口を覆い、胸が軽く上がる程度に息を2回吹き込む。1歳未満の乳児の人工呼吸では、子どもの口と鼻を同時に覆う。人工呼吸ができない場合、胸骨圧迫のみを行う。

　胸骨圧迫は、1分間に100〜120回の速さ、胸の1/3が沈む強さで、1回ごとに子どもの胸が元に戻るのを待って、中断を最小限に留めて絶え間なく実施する。1歳未満の乳児の胸骨圧迫は、指2本で実施する。

　準備された「AEDを装着」し（小児用パッドがあればそれを装着する）、AEDの解析の結果に応じて、「電気ショックを実施」する。

　終了後、「直ちに人工呼吸と胸骨圧迫を再開」し、救急隊に引き継ぐ、あるいは、正常な呼吸が回復または目的のある行動が子どもに認められるようになるまで「一次救命処置を継続」する。

---

## (14) ショック

　ショックとは、生命の保持に必要な臓器や組織に血液を十分に供給できない状態である。バイタルサインの様子や変化、一般状態を観察する。

　ショック時には、顔面蒼白、冷汗、頻脈（脈拍数の増加）がみられ、脈拍微弱、血圧低下、呼吸抑制、意識障害等を生じるようになる。ショックがみられる場合、生命の保持が著しく懸念される状態であることから、救急車を要請する。必要に応じて一次救命処置を行う。頭部や主要臓器への循環を助けるために、足を高く保ち（ショック体位）、毛布でくるむ。不安をやわらげるために、子どもに付き添い、手を握ったり、声を掛けたりする。

## 第2節　心身の不調等の早期発見

### 1　子どもの精神機能の発達

　子どもの精神機能の発達は、身体発育の過程の他に、環境条件、養育条件の影響を受ける。子どもの精神機能の発達の過程では、多様な感覚刺激を日常的に得ることができる環境とのかかわりや、おとなとの信頼関係が必要である（コラム③も参照）。

### (1) 感覚機能の発達

　1) 視　覚：胎児期から光への反応がみられる（まばたき反射）。視力は、1歳で0.2程度に、2歳で0.5程度に、3歳で1.0程度になるといわれる。

　2) 聴　覚：胎児期から音への反応がみられる。妊娠8ヶ月頃には、羊水に隔てられたくぐもった音であるものの、母親のからだの中の音や声を聞き分ける力が育っていると考えられている。

　3) 皮膚覚：出生時から、触覚、圧覚（あっかく）、痛覚（つうかく）、温度覚（おんどかく）などが確認される。新生児は、口唇や舌の感覚が敏感である。

　4) 味覚・嗅覚：出生時から、味覚、嗅覚が確認される。生後7〜8ヶ月頃に、好き嫌いを態度で示すようになる。

## (2) 情緒機能の発達

　生後3ヶ月頃には、新生児期から感じていた興奮を快（安心感）か不快（不安感）かで漠然と感じ分けることができるようになってくる。

　乳児期後半に、「快」が「愛情」や「得意な気持ち」に、「不快」が「怒り」や「おそれ」に分化する。


## (3) 言語機能の発達

　言語機能は、聞く機能である「受容」と、話す機能である「表現」により構成される。

　受容の過程では、外界からの刺激として届いた音を、「音」として認識する段階、音が「言葉」として意味をもつ段階へと発展がみられる。

　表現の発達には、以下の過程がみられる。

　1）泣き声：出生時から、発声能力がみられる。生後1ヶ月頃から、空腹である、痛い、眠いなど、状況により異なる発声の仕方が可能になる。

　2）喃語：生後2ヶ月頃から、クーイングといわれる、「アー」「クー」といった不明確な発声がみられる。生後3〜4ヶ月頃から反復的要素が出現し、喃語に発展する。喃語は、クーイングの反復的要素がみられる母音中心の段階（「アーアー」「アーウー」など）から、子音を含む段階（「バ」「ダー」等）へ、そして、子音の反復的要素がみられる段階（「ババババ」「ダーダー」等）へと発達する。

　3）模倣：生後7ヶ月頃から、言葉を模倣する。生後10ヶ月頃から、意味がわかりにくい、ジャルゴン（子どもは言葉を話しているつもりであると考えられているが、おとなには意味のわからない発声。喃語の発声から初語が出現するまでの発達過程でみられる）を使用する。

　4）発語：生後10ヶ月頃以降、「マンマ」などの有意味語を使用する。1歳前後には、言葉の内容を理解して、「お片付けしよう」などの簡単な指示に従う。1歳6ヶ月頃に、一語文（「ニャーニャー」など）を使用する。1歳6ヶ月以降、二語文（「ニャーニャー、ネンネ」など）を使用する。

## (4) 社会性の発達

生後2~3ヶ月頃には、人があやすと笑う、社会的微笑が出現する。生後7~8ヶ月頃には、人見知りが出現する。人見知りは、安定した、相互的な、応答的なかかわりを通して、特定の養育者と子どもとの間に愛着（アタッチメント）が形成されたことにより出現する。

1歳6ヶ月頃には、一人遊びをするようになる。（ひとりで積み木に触れるなど）2歳頃には、平行遊びがみられるようになる（他の子どもの近くでそれぞれに積み木で遊ぶなど）。3歳頃には、連合遊びがみられる（他の子どもとかかわることもあるが、基本的には自分がしたいことを中心に積み木で遊ぶなど）。5歳頃には、協同遊びを楽しむようになる（みんなで協力して一緒に積み木で遊ぶなど）。

## 2 精神保健の意義と目的

### (1)「健康な精神」の定義

第1章第2節で学習したように、「健康」とは、病気でないとか、からだが弱くないということではなく、身体的にも精神的にも社会的にもすべてが満たされた状態であった。精神保健における健康の定義においても、同様に考える必要がある。

### (2) 精神保健とは

精神保健とは、精神の健康を保持・増進する実践活動のすべてをいう。

精神は、身体と異なり、実体がないことから捉えにくい傾向があるが、精神の健康は、身体の健康にも影響を与える。そのため、精神が健康であるように支援することが、すべてにおいて健康であることを支援し、増進することになる。

### (3) 子どもと精神保健

乳幼児期は、精神の発達の基礎を形成する段階である。無限の可能性をもつ子どもの精神保健においては、以下の点をふまえることが求められる。

① 年齢に応じた精神的発達過程の理解

② 成長段階に応じたかかわりの実施

③ 周囲の（人的・物的・社会的）環境の調整

④ 精神的発達の基礎を形成する段階における発達支援

⑤ 一人ひとりの個性や状態に合わせた対応

## 3　こころの健康に影響を与える要因

### (1) 基本的欲求

マズロー（Maslow, A. H.）は、欲求には、「生理的欲求」、「安全の欲求」、「所属と愛情の欲求」、「社会的承認の欲求」、「自己実現の欲求（自分の力や可能性を最大限発揮してあるべき自分になりたい欲求）」の５段階があり、生命維持に不可欠な低次の段階から、より高次の欲求へと段階的に変化して、最終的には自己実現に向かう存在であると考えた。これを欲求階層説という。

### (2) 適応・不適応と欲求不満

欲求が満たされない場合、生理的・心理的に緊張を伴った感情が生じることがある。適度な緊張であれば、環境との関係に調和を伴った、安定した状態の獲得につながることが期待される。安定し、満足した関係が維持される状態を適応という。一方、環境との関係に不調和を生じ、不安や緊張を伴って、不満に至る状態を不適応という。こうした緊張が持続すると、欲求不満といわれる状態になる。

欲求不満に耐えたり、克服したりする力を欲求不満耐力という。精神保健にかかわる発達においては、欲求不満を経験する過程で、これに耐え、克服する力を育てることが主要な課題になる。

### (3) 適応機制

環境に適応する過程では、自分を防御する機能である、適応機制がみられることがある。適応機制には、以下のようなものがみられる。

**1）昇　華**：一般的に受け入れられない欲求を、社会的に価値あるもので代替し、実現すること。攻撃的な気持ちを学習に打ち込むことで満足させる状態

などである。

2）抑　圧：強い不安、苦痛、思い込みを抑え込み、意識しないようにすること。母親などの特定の養育者から分離された幼い子どもが、平気な顔をみせつつも、指しゃぶりをしたりする場合などである。

3）合理化：成果を得られない場合、都合のいい理由で、状況や行為を正当化すること。遊んでいた大好きな玩具を他の子どもに取られた子どもが、もう飽きたからいいなどと主張する状態である。

4）投射（投影）：受け入れがたい欲求や感情を相手のものとして認知すること。自分が苦手だと感じている友だちについて、逆に相手が自分を嫌っていると思うことなどである。

5）退　行：より低い発達段階に逆戻りし、刺激に拒否的な態度をとること。きょうだいが誕生した際に、赤ちゃん返りがみられる例などがある。

6）反動形成：本当の気持ちに気づかず、逆の態度をとる。好きな相手にいたずらをしたり、悪口を言ったりすることなどである。

7）否　認：不安を起こすような出来事を現実として認めないこと。家族が入院して不在の場合などに、実際にはその場にいないのに、そこに家族がいるから呼んで、などと言うことがある。

## 4　子どもの問題行動

子どもの精神保健では、発達の過程で、問題行動がみられることがある。生育歴や環境が子どもの行動に影響を与えていないかを検討し、環境を整えることを通して、子どもの健康を支援し、増進する必要がある。

### (1) 問題行動とは

問題行動には、情緒障害と行動障害がみられる。

情緒障害とは、人間関係による葛藤を経験したり、特定の感情に強く固執したりするなど、環境的・心理的な原因によって情緒（何かにふれて起こる様々な感情。喜怒哀楽のように急激で一時的な感情）が混乱し、身体的症状や問題行動が現れることである。広義には、脳障害、自閉症、知的障害、神経症等を含

め、情緒的な混乱によって不適切な行動が続く状態全般を含む。

　行動障害とは、心理的・器質的障害（何らかの損傷を受けたために諸器官に生じた障害）によって起こる問題行動や病的反応のことである。情緒障害を行動面から捉えたものである。

　問題行動の要因として、環境が子どもの人格を形成する発達段階に影響を与えていることがある。子どもの問題行動に対応する場合には、生育歴を含む子どもの環境について十分に検討する必要がある。

　子どもの問題行動は、以下のように、種類ごとに分類される。

　**1) 非社会的行動**：社会的・対人的接触を避ける。集団に馴染めず孤立する。

　**2) 反社会的行動**：社会規範に反する、社会秩序を乱す行動をとる。

　**3) 退行的行動**：実年齢より幼い行動をとる。

　**4) 習癖障害**：習癖のなかで、人格の健全な発達や社会生活に悪影響があると考えられる行動をとる。指しゃぶりや、爪噛みなどがみられる。

　**5) ホスピタリズムの症状**：無関心、無感動、無表情、コミュニケーション能力発達の遅れなどがみられる。ホスピタリズムとは、施設や病院等で長期間生活することによって生じる心身の障害をいう。情緒不安定（心情が安定しない状態）、感情鈍麻（感情の表現が乏しくなる様子）、依存的傾向や、言語発達の遅れなどがみられることが報告されている。

## (2) 対人関係における問題行動と対応

　**1) かんしゃく**

　手に持っている物を投げる、手足をバタバタさせて泣いて暴れるなど、怒りを行動で表現する様子がみられる。乳児期からみられるが、3歳頃から減少する傾向がある。慌てず、泣いている間は様子を見守り、泣き止んでから優しく話しかける。

　**2) 吃　音**

　言葉の初めを繰り返す、音を引き伸ばす、つかえるなど、なめらかに話せない状態がみられる。発語運動に関連する脳の機能不全や、話したい気持ちに言葉がついてこないことなどによる。注意したり、矯正したりしないようにす

る。子どもの話したい気持ちを受け止めるように心掛ける。

### 3) 虚　言

現実と空想の区別がつかず、つくり話が混じる様子がみられる。嘘だと決めつけて、否定しないようにする。

### 4) 反　抗

おとなのいうことを聞かなくなることである。しつけの仕方により、反抗の程度が変化することがあるため、感情的にならず、子どもが理解できるように説明し、よいことをしたら褒めるようにする。

しつけとは、社会性を中心として子どもの発達を支援することである。おとなは子どもの社会的なモデルとなり、具体的な経験を繰り返しながら、人や社会との関係にかかわるルールを習得できるように、子どもを支援する必要がある。

## (3) 食事における問題行動

### 1) 少食、偏食

哺乳量が少ない、食欲がない、偏食が激しいなどがみられる。無理に食べさせないようにし、楽しく食べる工夫を続ける。

### 2) 拒　食

食事を拒否する。強い抗議、不満や、怒りの感情の表れであるが、たいていは一過性である。保護者には、子どもを心配する気持ちから、叱ったり、強制的に食事をさせたりしようとする様子がみられることがある。その場合保育者は、保護者の心配する気持ちを理解しつつ、叱ったり、強制的に食事をさせたりすることがないように保護者を支援する。

### 3) 異　食

食物以外のものを食べる。DSM-5[5] に基づいた診断基準では、少なくとも1ヶ月間にわたり食物以外のものを持続して食べる場合、異食症と診断される。重度の知的障害の他に、虐待環境や、ストレス状況などと関係していることがある。愛情の欲求を充足することが課題であり、子どもとの温かい交流を通して、情緒の安定を図る。

## （4）習癖による問題行動

### 1）指しゃぶり、爪噛み

3歳頃でほとんどがしなくなる。背景に心の葛藤がある場合があり、子どもの心に寄り添うように心掛ける。

### 2）性器いじり（幼児自慰）

身体に対する子どもの一般的興味のひとつとして理解される。叱らないようにし、他の遊びに誘ったり、就寝前に絵本を読み聞かせたりするように心掛ける。

### 3）抜毛症

自分の頭髪や体毛を抜く行動がみられる。ペットや人形の毛が対象になることもある。イライラしたり、心が動揺することにより、習慣化することがある。子どもの様子を観察し、気持ちの理解に努め、緊張感や不安感の軽減を図る。


## （5）集団行動における問題行動

### 1）登園しぶり、引っ込み思案

分離不安が原因であることが多い。同年齢の社会集団に馴染めず、孤立して、閉じこもることもある。集団の活動に少しずつ参加できるように支援する。治療が必要な場合もある。

### 2）選択性緘黙（場面緘黙）

身体的に特に問題はないにもかかわらず、ある特定の場面で話さない（話せない）状態である。程度は多様である。話すことにこだわらないようにし、集団行動をとれるように支援する。

### 3）乱暴、けんか

頻繁である場合に問題視される。乱暴であることに気づいていない、または、乱暴な行動を抑えることができない状態である。発達障害の他に、虐待による可能性もある。十分に観察し、適切に対応する。

公認心理師からみた保育における
心身の不調等の早期発見

　乳幼児期の子どもは、環境からの影響を受けやすく、その変化に敏感です。入園直後や年度初めは、それまでなかった夜泣きが急に始まったり、親にくっつくように甘え、登園を渋ったりする子がいるでしょう。運動会や生活発表会などの園行事では、自分から前に出て積極的に楽しむ子もいれば、人前で演技することに萎縮してしまう子もいます。緊張を感じやすい子どものなかには、腹痛や嘔吐といった症状がみられることがあります。この時期の子どもは、言語能力が未熟で、訴えがはっきりしないことが特徴です。このため、周囲のおとながすぐに気づかず、元気もないので風邪だと思って病院に行ったら、身体にはどこにも問題が見つからないことから、心理的ストレスからくるものだったとわかることがあります。

　一時的なストレスによる症状は一過性ですが、なかには、症状が繰り返し続いたり、日常生活に支障をきたす場合もあり、専門的な治療につなげるなど配慮が必要です。乳幼児期に好発する心身症には、夜泣きや夜驚症のような睡眠の問題、トイレットトレーニングにかかわる頻尿や遺尿などの泌尿器科系心身症、周期性嘔吐症や反復性腹痛といった消化器系心身症といったものが挙げられています*1)。症状のきっかけがあったとしても、それだけが要因と言いきれず、背景に①子どもの生活習慣、精神発達、性格傾向、②家庭生活上のストレス、③学校（園）生活上のストレス、④文化的背景といった様々な要因が想定されます*2)。

　さらに、症状による苦痛だけでなく、症状が繰り返されることによって生活リズムの乱れや精神的な不安が生じ、登園できなくなるなど日常生活に影響がおよぶことがあり、早期の対応が望まれるでしょう。日々の体調確認（体温、睡眠リズム、排泄状況、食欲など）とともに、子どもの表情や活動性、保育への参加態度、また保育士や他の子どもとのかかわり方の様子を細かく観察することが、子どもの心身の不調の早期発見につながると思われます。

　仕事や家事などで忙しい日々を送っている養育者は、子どもがそれまで一人でできていたことができなくなったり、より手がかかるようになると、そのような子どもへの対応に疲弊し、イライラしてしまうことがあるでしょう。症状が繰り返されると不安に思い、過剰に保護的になったり、逆に甘やかしてはいけないと厳しく突き放したりする養育者もいるかもしれません。この時期の子どもにとって、養育者や家族の存在は情緒安定の基盤となります。子どもの健全な成長を育むために、保育士は養育者を責めたりせずに話をじっくり聴くことで、落ち着いて子どもに向き合えるよう養育者を支える役割も担うことができます。養育者との情報共有を密に行うことにより、園では見られない子どもの様子を知ることもでき、多面的に子どもを理解することにつながるでしょう。

また、神経発達症（発達障害）の子どもの場合、発達のアンバランスや感覚異常を伴うことが多く、集団生活の中でのストレスを感じやすいため、結果として心身の不調につながることがあります。得意なことと苦手なことの差が大きく、表面的には周囲に合わせて行動しているものの、保育者の指示が十分理解できないまま、不安に感じていることがあります。さらに、感覚に敏感なことにより、特定の音や人の多い場所を不快に感じることがあり、園での生活環境そのものが苦痛な場合があります。この場合も、専門医の診断や、心理発達検査など専門的な評価につなげることは重要ですが、保育士が子どもの困っている様子に早い段階で気づくことで、症状に伴う生活上の制限や自己肯定感の低下といった二次的な問題（二次障害）を防ぐことにつながります。普段から一人ひとりの子どもの発達状況や行動の特徴をよく観察することで、一見わかりにくい発達のアンバランスや生活上の困難さに気づくことができるでしょう。

（公認心理師、臨床心理士　上安涼子）

　＊1）日本小児心身医学会編（2018）『初学者のための小児心身医学テキスト』南江堂、p.8. 日本小児心身医学会によれば、心身症とは、「子どもの身体症状を示す病態のうち、その発症や経過に心理社会的因子が関与するすべてのもの」をいう。それには、発達・行動上の問題や精神症状を伴うこともあるとされる。

　＊2）田中英高（2014）『心身症の子どもたち──ストレスからくる「からだの病気」』合同出版、p.30.

コラム
**保育の現場より④**　　　　保育士からみた保育における
　　　　　　　　　　　　　　　　　心身の不調等の早期発見

　保育において、子どもの心身の不調を早期に発見することは大切なことです。保育士をしていると、子どものからだとこころがお互いに深くかかわり合っていることに気づくことがよくあります。

　幼い頃から8時間以上にわたって毎日集団生活をしている保育所の子どもたちは、病気にかかりやすい傾向があります。感染性胃腸炎、ヘルパンギーナや咽頭結膜熱、RS ウイルス感染症や、インフルエンザなど、保育所では季節ごとに感染症が流行します。感染症にかかると、熱が出たり、のどが腫れたり、せきが出たり、おなかをこわしたりといったように、からだに不具合がみられます。このような時保育士は、熱をはかったり排泄物等を観察したりするのですが、必ず確認するのが、子どもの機嫌です。幼い子どもたちは、からだの調子を崩しても、痛いとか、苦しいとかいった不調の様子をうまく言葉で表現できないことがあります。また乳児の場合、そもそも言葉で表現することはできません。しかしそのような子どもでも、体調が悪い時には、こころにも影響がみられます。いつもよりおとなしかったり、ぐずったり、泣いたりするのです。

　一方で、こころがふさぎ込んだり、つらくなったりすると、吐き気をもよおしたり、おなかが痛くなったりするなど、からだの具合が悪くなることがあります。精神的虐待やネグレクト等で、からだに直接的に暴力を被ったわけではないのにからだの成長に遅れがみられたり、からだの病気がみられたりするようなこともあるのです。みなさんも、授業等でこのようなことを学んだことがあるかもしれません。

　健康であることとは、からだ（身体的）、こころ（精神的）、そしてからだとこころにかかわる関係（社会的）のいずれにおいても、十分に満たされている（well-being）ことが必要であると考えられています（WHO「健康の定義」）。

　保育における子どもの健康のためには、からだとこころ、そして、これらにかかわる環境とのバランスを保つことが必要だということです。保育において、子どもの心身の不調を早期に発見するためには、子どものからだやこころ、さらには、からだやこころの健康にかかわる環境とその変化にも注目しておく必要があります。

（保育士　浅野俊幸）

## (6) 睡眠での問題行動

### 1）不　眠

乳幼児期には、空腹、おむつの汚れ、寒さや暑さ、不安や興奮などによることが多い。学童期では、保護者の注意を自分に向けるための手段であることがある。子どもに安心感を与えるように心掛ける。

### 2）夜驚症（やきょうしょう）

入眠後2時間程度までに、突然怯えた表情と大きな声で泣き騒ぐ様子がみられる。夢中遊行（むちゅうゆうこう）（睡眠中に起き出し、何かをした後に再び就眠するが、その間のことが記憶されていない状態）を伴うこともある。夜泣き（夜間の睡眠中に目を覚まして泣く様子）と異なり、あやしても反応がなく、朝には記憶されていない。成長とともに消失することが多い。

## (7) 排泄での問題行動

### 1）夜尿（おねしょ）

一次性夜尿（これまで消失した時期がない、あるいは、消失した時期が6ヶ月に満たない夜尿）の他に、6ヶ月以上経過した後に夜尿が再発する二次性夜尿もみられる[6]。夜尿症と診断された場合、膀胱の機能不全の他に、不安感や、欲求不満によることがある。

昼間は十分に水分を摂取して、規則正しくトイレに行く習慣を育てる。カフェインを含む飲み物や塩分の濃い食べ物を避ける。寝る2〜3時間前から水分をあまり多く摂取しないように心掛ける。寝る前に排尿をすませたことを確認する。子どもの緊張感を解消するように心掛ける。

### 2）遺糞症（いふんしょう）

4歳頃以降に、トイレ以外で便を漏らすことが続く状態である。便秘の他に、心理的要因や、虐待による可能性がある。排便習慣を確立し、適切な食生活、適度な運動を実施するように心掛ける。

## 第3節　発育・発達の把握と健康診断

### 1　日常の保育における保健活動

#### (1) 個の健康と集団の保健

　保育者の役割は、一人ひとりの子どもの成長や、健康・安全を守り育てることにある。一人ひとりの子どもが集団生活を通して育つ保育においては、子どもが互いに育ち合える集団づくりが集団保育の目標であり、「保育所保育指針」等に基づいて、保健活動でも全体を見通した「年間保健計画」および「食育計画」や、専門機関との連携等にかかわる個別の支援計画を作成する必要がある。

#### (2) 健康診断の実施

　定期的にあるいは必要に応じて、健康診断を行い、子どもの健康状態や、発育・発達状態を把握する必要がある。嘱託医、かかりつけ医、歯科医、看護師等の協力を得て、専門的、継続的に実施する。

#### (3) 個別的な配慮を必要とする子どもへの対応

　アトピー性皮膚炎や、食物アレルギーのある子どもがいる場合、保護者からかかりつけ医の指示を確認し、緊急時の対応や、連絡先などを確認しておく。医療的ケアの配慮が必要な子どもが入所する場合、健康の増進に向けてはたらきかける必要がある。

#### (4) 服薬援助の留意点

　日本保育保健協議会による「保健情報」に基づけば[7]、保育園に登園する子どもたちは集団生活にほとんど支障がない健康状態にあり、通常業務として保育園で薬を扱うことはないとされている。ただし、医師の指示により保育時間内にどうしても必要な薬についてはその限りにないとされている。

　保育園における病弱等の子どもの保育については、子どもの症状・処方内容

等の情報を保護者からの「連絡票」等によって把握し、健康管理に支障がないようにすることが求められている。

　保育園において薬を扱う場合、園内に健康安全委員会等を設置し、保健の専門職、保育士および保護者を交えて検討し、慎重に扱う必要があるとされている。

## 2　母子保健対策

　母子保健対策は、都道府県が設置する保健所を拠点として実施される。

　市町村等は、地域の拠点として母子健康センターを設置し、訪問指導や、健康相談などを行っている。ただし、人口の多い保健所政令市と特別区では、市や区が保健所を設置している。

　他に、助産施設、母子生活支援施設、保育所への入所受付・相談を行う福祉事務所、18歳未満の子どもやその家庭への指導・相談を行う児童相談所、育児相談や健康診査を行う医療機関（病院、診療所、助産所）などがある。

　母子保健対策には、以下の通り、保健対策、医療援護対策、基盤整備対策がある。

### (1) 保健対策

#### 1) 健康診査

　① **妊婦健康診査**　妊婦の健康状態、病気等の異常の有無を診査し、日常生活習慣や出産・育児の心得などを指導する。近年では、職業をもつ妊婦や高齢の妊婦（日本産科婦人科学会では「35歳以上の初産婦」を高年齢初産婦と定義している）が増えていることから、妊娠中の母体と胎児の健康維持のために重要な事業である。厚生労働省は市町村等を実施主体として、医療機関、市町村等、保健所で、妊娠期間中に14回以上を公費で受診するように促している。

　② **B型肝炎母子感染防止対策**　B型肝炎ウイルス（HBV）を保有する妊婦から出生した子どものキャリア化を防ぐことを目的とする検査である。免疫機能が未熟な乳幼児がB型肝炎ウイルスに感染すると、免疫機能はウイルスを異物と認識できずに発症せず、ウイルスが排除されずに体内に保有された状態

（持続感染）になることがある。これをキャリア化という。検査は、都道府県、保健所を設置する市および特別区を実施主体とし、委託医療機関で実施される。1995 年からすべての妊婦に HBs 抗原検査（抗原が陽性であると HBV による感染状態にあることを示す）が公費で行われている。

③ **新生児健康診査**　都道府県、政令指定都市を実施主体として、医療機関において、先天性代謝異常や、先天性甲状腺機能低下症の早期発見のための先天性代謝異常などの検査（新生児マススクリーニング検査）がすべての新生児を対象に行われる。早期に治療を行うことによって、心身障害の発生を予防することができる。検査は公費で行われる。

④ **乳児健康診査**　市町村等において、公費で、乳児の病気などの異常の早期発見を目的に行われている。発育発達状態や健康状態を調べ、育児・養護指導を保護者に行う。

⑤ **1 歳 6 ヶ月児健康診査**　市町村を実施主体として、1 歳 6 ヶ月以上 2 歳未満の幼児を対象に行われる。歩行、言語等の獲得の状況、心身の発育発達状況を確認する。心身障害を早期に発見するため、心理相談員なども参加する。栄養指導、齲歯（虫歯）予防の指導等の育児指導を行う機会でもある。

⑥ **3 歳児健康診査**　市町村等を実施主体として、満 3 歳を超え満 4 歳に達しない幼児を対象に、総合的な健康診査を行う。視聴覚検査、尿検査、歯科検診も行われる。特に神経発達症（発達障害）の早期発見と指導を重点的に行う。

**2）保健指導**

① **妊産婦・乳幼児に対する保健指導**　妊産婦に対して、未熟児を減少させ、妊娠高血圧症候群を予防するために、妊娠・分娩・産褥期（母体の変化がもとの状態に戻るまでの期間）に関しての知識を指定医療機関等で指導する。

② **妊産婦・新生児・未熟児に対する家庭訪問指導**　個別指導のひとつである。「母子保健法」に基づいて、妊産婦や新生児、未熟児が生活する家庭を保健師、助産師等が訪問し、生活に適した指導を行う。

③ **乳児家庭全戸訪問事業（こんにちは赤ちゃん事業）**　2007 年から行われてきた「こんにちは赤ちゃん事業」が、2009 年に児童福祉法により法定化された。生後 4 ヶ月までの乳児のいるすべての家庭を民生・児童委員などのスタッフが訪

問し、子育てに関する不安や悩みをきいたり、相談を受けたりする。親子の心身の状況や、養育環境の把握を行い、虐待予防の観点から子育て支援サービスの情報提供を行うとともに、必要な支援などにつなげる。

### 3）健康教育・相談

**① 思春期における保健・福祉体験学習事業**　思春期の子どもを対象に乳幼児や子どもとふれあう機会を設ける。乳幼児や子どもに共感性をもって接することにかかわる「養護性」、また、親として望ましい態度および知識・行動の準備にかかわる「親（性）準備性」を早期から育成することが目的である。乳幼児や子どもとふれあった思春期の子どもには、子どもへの好意や自己効力感の上昇がみられたことが報告されている[8]。

**② 健全母性育成事業**　母性への意識向上のために、思春期の子どもや家族を対象として、医師や助産師などが性に関する問題、心身の問題などの相談に市町村等において応じる。

### 4）母子健康手帳の交付

1942年に創設された妊産婦手帳が1948年に母子手帳に、1967年に母子健康手帳に変更された。母子保健法に基づいて、妊娠した者はすみやかに市区町村に妊娠の届け出をするようにしなければならない。市区町村は母子健康手帳を交付しなければならない。

妊娠の届け出は、その後の母子保健対策を受けるために重要なものである。子育てに必要な情報や注意事項、虐待防止対策等について記載され、妊娠・出産の状態、新生児から就学前までの発育発達、小児期各期の健康診査の結果、予防接種歴等が記録できるようになっている。

### 5）その他の健康教育や相談事業

市町村等で実施されるその他の相談教育事業には以下のようなものがある。

**① 共働き家庭子育て休日相談支援事業**　共働き家庭等を対象とした休日の子育て相談支援など。

**② 海外在留邦人に対する母子保健情報の提供事業**　海外に在留する日本人への母子保健情報の提供など。

**③ 子どもの心の健康づくり対策事業**　小児科医等による相談、乳幼児健康診

査時における心理相談体制の充実、虐待防止のための関係機関のネットワークの整備など。

④ 出産前小児保健指導（プレネイタル・ビジット）事業　子育てへの不安が強い妊婦等を対象にした小児科医等による保健指導。

⑤ 乳幼児の育成指導事業　専門職による個別の発達相談および発達支援など。

## (2) 医療援護対策

都道府県と政令指定都市が実施主体となり、病気や身体障害のある子どもや妊婦の治療、養育に関して、高額な経費が必要になった時の経済的支援や専門的な生活支援などを行う。

### 1) 妊娠高血圧症候群などの医療援護対策

妊娠高血圧や、糖尿病などの疾患のある妊婦は、出生児にも異常が起こりやすいため、早期に適切な医療を受けられるようにしている。保健所に申請し、認定基準を満たしたうえで、医療機関に入院して治療を受ける場合、医療費助成を受けることができる。

### 2) 未熟児養育対策（未熟児養育医療の給付）

保護者が低（出生）体重児を出生した場合、保健所に届け出る必要がある（母子保健法第18条）。出生した保健医療機関から届け出の案内をされたり、母子健康手帳にある届け出用紙の記入方法を説明されたりすることがある。この届け出に基づいて、未熟児訪問指導が行われる。出生時体重が 2,000g 以下で高度な入院治療が必要な 1 歳未満の未熟児に対して、養育医療の給付が行われる。

### 3) 小児慢性特定疾患治療研究事業

特定の慢性疾患（悪性新生物（がん）、糖尿病、喘息など 16 疾患群 756 疾患）に対して、治療が長期間にわたり、医療費負担も高額となるため、治療の促進を図る研究が行われている。これらの子どもの治療や生活が適切に行われるように、小児慢性特定疾患児手帳が交付されている。

### 4) 自立支援医療費の給付

治療による効果が期待できる身体の障害に対して、自立支援医療費の給付を

行っている。白内障等の視覚障害、先天性耳奇形等の聴覚障害、口蓋裂等の言語障害、先天性股関節脱臼等の肢体不自由、心臓疾患等の内部障害などが対象である。

### 5）療育医療費の給付

骨関節結核、その他の結核にかかった 18 歳未満の子どものうち、その治療のため医師が指定医療機関で長期の入院が必要と認めた場合に助成される。対象児には、療養生活に必要な日用品や、学校教育を受けるのに必要な学用品が支給される。

## (3) 基盤整備対策

### 1）食育等推進事業

乳幼児期から適切な食事の提供が必要である。家庭だけでなく、保育所、幼稚園、学校、施設など、子どもを取り巻くすべての環境において取り組みを充実する必要がある。

### 2）病棟保育士配置促進モデル事業

入院する子どもに対して、小児科病棟等に保育士（医療保育専門士）を配置して、発育、発達支援、心身面のケアなどを行う。

### 3）病児・病後児保育事業

乳幼児健康支援一時預かり事業として実施されていた。2008 年に保育対策等促進事業のなかの病児・病後児保育事業に移行した。「病児対応型」「病後児対応型」「体調不良対応型」「非施設型（訪問型）」に分類される。

### 4）子どもの心の診療拠点病院機構推進事業

2008 年に創設された。虐待、いじめ、神経発達症（発達障害）などの子どもの心の問題への医学的対応のさらなる充実を進める事業である。都道府県域における拠点病院を中核として、各医療機関や保健福祉機関と連携した支援体制の構築を目指す。

# 保育における健康にかかわる保護者との情報共有

　子どもが健康であるためには、保護者との協力を欠かすことができません。保護者と協力して子どもの健康を支援・増進するためには、保護者との情報共有が必要です。

　子どもが登園した際に、保護者から口頭で、あるいは連絡帳などで提供して頂いた情報は、計画に始まる保育の循環のあらゆる過程において活用されます。例えば、前日に帰宅してから朝登園するまでの間に、子どもが自宅で熱を出したという情報を保護者から得れば、保育士は、登園時に熱がなくても、その子どもにいつも以上に注意を払って、保育中に体調に変化がみられないか、気をつけるはずです。

　保育士も、子どもの健康にかかわる情報を送迎の機会やおたよりなどの紙面を活用して、保護者にこまめに提供するように心掛けています。一日の半分程度を過ごすこともある保育所の子どもの健康状態は、保育中にしばしば変化します。登園して園庭で遊んでいた子どもが体調を崩してお昼ご飯を残したり、午睡から起きて体調がすぐれないためにぐずったりすることは、よくあることです。体調に変化がみられても、発熱等を認めず、保護者の迎えを予定通り待つ場合でも、保育士は、子どもの健康に関して心配されることや、保育所で援助したことなどを、迎えにこられた保護者に丁寧に伝えるようにしています。こうすることで、家庭でも継続して子どもを見守ることができ、子どもの体調が悪化しても早期発見につながりやすいと思われます。

　保育では、子どものこころの健康に影響を与えるかもしれない情報の共有も頻繁に行われています。例えば、子どもが他の子どもを噛んでしまった場合、噛まれた子どもの保護者だけでなく、噛んだ子どもの保護者にも情報を共有するように努めています。他の子どもを噛むといった気になる行動にも、多くの場合、子どもなりの理由があります。自分にとって好ましくないできごとが起こった時に暴力によらずに解決する方法を知らないだけでなく、日常の生活におけるこころの満たされなさが、落ち着きがない、粗暴な行動として子どもに現れることがあります。このようなことを保育士が保護者に伝える理由は、子どもの現状や課題をともに認識し、子どもを一緒に支援していくためです。保護者にもこのことを理解してもらえるように、丁寧にコミュニケーションをとる必要があります。子どもの健康にかかわる情報を提供し、これを共有することは、子どもの健康を支援するだけでなく、保護者の子育てを支援することでもあるのです。

（保育士　浅野俊幸）

## 第4節　保護者との情報共有

### 1　家庭との連携

#### (1) 家庭からの情報収集

　家庭での生活実態、健康状態、既往症（以前かかったことのある病気）、予防接種歴、障害を伴う過去の事故などの情報、かかりつけ医の確認などは、子どもの健康・安全を守るための保育活動において重要な情報になる（コラム⑤も参照）。

#### (2) 保育所における情報収集と説明

　保健にかかわる情報を保護者等に提供し、保護者の不安の軽減につなげる。
① 病気（季節ごとの病気を含む）および事故（子ども同士のケンカなどによるけがを含む）に関する情報
② 季節に応じた食事献立
③ 感染症の発生状況とその予防対策
④ 保育所の基本的方針
⑤ 保育現場における安全対策、医療対策など

#### (3) 家族への相談・助言

　家族への相談・助言においては、受容的・共感的に進め、保育者が一方的にならないように心掛ける。何気ない会話のなかに子育ての悩みが表現されていることもあることをふまえて、普段から保護者が相談しやすい人間関係を形成していく必要がある。

### 2　専門機関・地域との連携

#### (1) 保健医療との連携

　嘱託医や歯科医とは日頃から専門的な協力を得るなど密接に連携し、保育所は保育現場で起こった病気やけがに対する対応や指導を受ける。

## (2) 母子保健サービスとの連携

市町村等が実施する乳幼児健診、訪問事業等によって保護者などから得られる子ども・各家庭にかかわる情報を保育においても共有し活用する。保育所などで実施される健康診断の結果などを保護者に通知し、必要に応じて嘱託医と相談のうえ、適切な指導・助言を行う。

## (3) 食育の取り組みにおける連携

子どもの食育においては、親子のかかわりをはじめ、仲間や地域とのかかわりを深めることが必要である。保育園では、地域の食材を給食などに使用したり、地域の収穫体験などに参加したりしている。食物アレルギーの子どもがいる場合、かかりつけ医との連携、市町村等の保健センター、学校との連携・協力も重要である。

## (4) 障害などのある子どもに関する連携

医療機関、療育機関との連携が重要である。情報交換を通して子どもを理解し、事故などの予防対策につなげる。

## (5) 虐待防止などに関する連携

不適切な養育、虐待などの疑いがある子どもを発見した場合、市町村等または児童相談所にすみやかに通告する義務（児童福祉法第25条「要保護児童発見者の通告義務」、ならびに、児童虐待の防止等に関する法律第6条「児童虐待に係る通告」）が保育者などにはある。

地方公共団体が設置する要保護児童対策地域協議会（子どもを守る地域ネットワーク）に保育所が積極的に協力することが求められている（児童福祉法第25条の3「関係機関への協力」）。

## (6) 災害などの発生時における連携

事故・災害発生、不審者の侵入などの事態に備え、保護者、近隣の住民、地域の医療機関、警察、消防などとの密接な連絡体制を整えておく。

## (7) 小学校との連携

　在園中の健康状態、発育・発達状態、既往症、事故の状態などは、小学校での保健活動にも役立つため、保護者の了解のもとに、「保育所児童保育要録」（保育所と小学校との連携の観点から、市町村の支援のもとに、子どもの育ちを支えるための資料）を小学校に伝達する。

### 注

1) 梶谷喬・佐々木正美・小河晶子・寺田喜平（2015）『医療保育──ぜひ知っておきたい小児科知識（改訂第4版）』診断と治療社を参照。
2) 福岡市医師会保育園・幼稚園保健部会（2017）「保育園・幼稚園におけるけいれん対応マニュアル──熱性けいれんを中心に」
3) 日本蘇生協議会「JRC蘇生ガイドライン2015」オンライン版2016年最終版 https://www.japanresuscitationcouncil.org/（accessed 14 February 2019）
4) 茅ヶ崎市「心肺蘇生法」（乳児・小児）http://www.city.chigasaki.kanagawa.jp/fire/emergency/1001602.html（accessed 28 December 2018）
5) DSM-5とはアメリカ精神医学会による診断基準である。2013年に改訂された。日本でも一般的にDSM-5に基づいた診断がされている。
6) 日本夜尿症学会「夜尿症診療のガイドライン」http://www.jsen.jp/guideline/（accessed 21 October 2018）
7) 一般社団法人日本保育保健協議会「保健情報　保育園とくすり」http://www.nhhk.net/health/02_01.html（accessed 21 October 2018）
8) 文部科学省「「幼保連携型認定こども園保育要領」策定に関する提案」http://www.mext.go.jp/b_menu/shingi/chukyo/chukyo3/048/siryo/attach/1343140.htm（accessed 21 October 2018）

### ◖さらに学習したくなったら？◗ ･････････････････････････

参考文献に基づいて学習を発展させましょう。

① 鴨下重彦・柳澤正義（2002）『こどもの病気の地図帳』講談社

　幼い頃からの子どものからだや病気がどのようにかかわり合っているのか、その関係性から理解することを助けてくれる本です。子どものからだや病気を表面的に理解することなく、その本質的な理解に迫る、長く読み継がれてきた一冊です。

② 佐々木正美（2008）『子どもの「こころの病気」』（全5巻）岩崎書店

　子どものこころの病気に関して、体系的にまとめられた本です。保育・教育に

かかわる学習者の支援にも取り組んできた著者により、わかりやすく書かれています。こころの病気のある子どもは、無理解や差別などにより、二次的障害に苦しむことがあります。子どもにも理解しやすい表現で書かれた本書には、こころの病気をもつ子どもの参加を応援する著者の愛情があふれています。

③ 旺文社編（2017）『学校では教えてくれない大切なこと 18 からだと心』旺文社

　「子どもの保健」の目指すところは、子ども自身も、自分にかかわる健康や安全に関して興味・関心をもち、考えたり、行動したりできるよう、参加する子どもの力を育てることにあります。私たちのからだとこころはつながり合っています。本書は、子どもにもわかりやすい表現を通して、からだとこころにかかわる幼児期からのホリスティック（全体的）な理解や活動を助けてくれます。

# 第4章

# 子どもの病気の理解と対応

　子どもは幼い頃から病気を繰り返しながら成長します。子どもの病気には様々な種類のものがありますが、免疫機能がかかわる感染症のように、子どもが特にかかりやすいものがあります。また、年齢や季節によってかかりやすい病気もあります。

　また、幼い子どもは、病気にかかって体調に変化が生じても、変化に気づいたり、おとなに伝えたりすることが難しい場合があります。一方、子どもの病気には、症状が急変したり、症状が激しく出たり、症状の進行が速かったりする特徴もみられるため、保育者等のおとなには十分な注意が求められます。

　第4章では、主に具体的な症状について学習した第3章に続いて、子どもの代表的な病気とその特性、予防や適切な対応について学習します。保育者として子どもの病気を理解し、病気の子どもに適切に対応するためには、保健医療を中心とする他の専門職や専門機関と連携・協働することも大切です。そのため、第4章では、子どもの病気にかかわる専門職や専門機関との連携・協働のあり方に関する学習にも取り組みます。

### 考えてみましょう。話し合ってみましょう。

1　胎児期、新生児期、乳児期、幼児期および学童期にわたる、子どもの主な病気をいくつか挙げてみましょう。

2　保育者ができる、子どもの病気への適切な対応について、説明してみましょう。

3　子どもの病気を予防するために、保育者には何ができるでしょうか。

## 第1節　保育における身近な病気の理解と対応

保育において対応する可能性の高い病気として、以下が挙げられる。

### 1　消化器疾患：乳幼児嘔吐下痢症

　乳幼児、特に生後6ヶ月頃から2歳頃に多くみられる。ノロウイルスやロタウイルス等のウイルス感染等により発症する。感染力が強く、例年、秋から春にかけて流行がみられる。

　多くは嘔吐に始まり、下痢（白っぽく水のような便）が続き、発熱がみられることもある。脱水症を伴うことがあるため、水分補給が重要になる。嘔吐が激しい場合、水分摂取により嘔吐を誘発しないように、初期は水分を控えるようにし、少量ずつから回数を多く水分を摂取できるように心掛ける。朝から尿が出ていないなど尿の回数や量に気をつける。嘔吐や下痢が持続する場合は、体重の変化に注意する。吐物や便にウイルスが含まれているため、処置後の手洗いや汚物処理の管理を徹底する（本章第2節1（2）も参照）。

### 2　呼吸器疾患

#### （1）上気道感染症（かぜ症候群）

　ウイルス感染などが原因で、くしゃみ、鼻閉、鼻汁、咽喉頭痛、咳嗽（せき）等を発症する。胃や腸に感染すると、嘔吐、下痢などもみられる。

　対応として、温度・湿度を調整した室内で安静に努め、適度な水分やバランスのよい食事を摂取する。日頃から、手洗いやうがいの励行、栄養バランスの整った食事摂取、十分な睡眠の確保に心掛ける。

#### （2）喘息様気管支炎

　ウイルス等の感染により、気管支が腫脹し、空気の通り道が狭くなって、呼気時にゼイゼイ、ヒューヒューといった、気管支喘息で発症する喘鳴と同様の音が聞こえる。発熱、鼻汁がみられ、喀痰を体外に排出しようとして咳嗽がひ

どくなり、嘔吐を誘発したり、呼吸が苦しくなったりすることがある。

　水分を摂取したり、姿勢を工夫したり、部屋を加湿したりして、喀痰を排出しやすいようにする。


## （3）肺　炎

　無菌性もあるが、細菌、マイコプラズマ、ウイルスなどの感染で、肺に炎症を生じたことによる。肺の炎症により酸素と二酸化炭素のガス交換に支障が生じるため、発熱、咳嗽、喀痰の産生をはじめ、全身倦怠感、呼吸困難、息切れ、顔面蒼白、頻脈等を発症する。原因や、子どもの年齢によって、症状が異なる。

　乳幼児では、けいれんなどを発症して死に至ることがあり、死因の上位を占めている。呼吸が速い、肩で呼吸する、あえぐように呼吸する、呼吸をすると肋骨の間が陥没するなど、呼吸が苦しそうな様子がみられる場合、すみやかに医療機関を受診する必要がある。


## 3　循環器疾患：起立性調節障害

　精神的緊張が続くことや、強い不安がある時に現れやすい。自律神経のはたらきがバランスを失うことが原因である。心理的、環境的な要素による影響がみられる。朝起床することができず、不登園、不登校の原因になることがある。立ちくらみ、疲れやすい、長時間立てない等がみられる。生活に支障が生じている場合、治療の対象になることがある。

　「怠けて登校（園）しない」などとおとなの理解を得られないことがある。身体の機能の変化の途上にあることも影響する病気の特性を正しく理解し、子どもを責めることなく、子どもおよび保護者を支援する必要がある。


## 4　血液疾患：貧血

　血液中の赤血球またはヘモグロビン（血色素、Hb）の量が減少した状態である。ヘモグロビンの量は、生後 6 ヶ月〜6 歳の子どもと妊婦では 11g/dL 以下、14 歳までの子どもと成人女性では 12g/dL 以下、成人男性では 13g/dL 以

下で、貧血と定義される。

### 1）鉄欠乏性貧血

貧血のなかで最も多い。鉄不足によって血液中のヘモグロビン量が低下する。成長期の鉄の吸収不足、思春期の女子にみられる月経などによる。低出生体重児では、予防的に鉄剤が投与されることがある。

日頃から、保護者と協力して、鉄の多い食品（卵黄、いわし、かつお、レバー、ほうれんそう、ひじきなど）を摂取するように心掛ける。

### 2）溶血性貧血

赤血球が寿命（約120日）よりも早く破壊される（溶血）ため、赤血球の産生が増加しても、赤血球数が減少する。免疫反応の異常によるものや、遺伝性のものなど、原因が多様であり、原因ごとに治療方法が異なる。めまいや動悸がみられ、少しの運動でも疲れやすい、だるさを感じる、顔色が悪くなる、息切れ等が生じやすくなる。

一般に知られる鉄欠乏性貧血ではないため、治療法も異なる。保護者や医療専門職と協力して、子どもにとって適切な支援ができるように努める。

## 5 泌尿器・生殖器疾患 ••••••••••••••••••••••••••••••••

### (1) 急性糸球体腎炎

子どもの腎疾患で最多である。上気道感染症などによる主に溶連菌（溶血性連鎖球菌）などの感染後に、10日前後の潜伏期間を経て、血尿、タンパク尿、尿量減少、浮腫、高血圧などを発症する。腎機能障害が残ることがあるため、医師の診断に基づいて、医療機関の受診を継続する。

安静を保持するとともに、水分や塩分の制限が必要になることがある。子どもの協力が得られるように説明して理解を促進しながら、生活全般を支援する。

### (2) 尿路感染症（膀胱炎・腎盂腎炎等）

上気道感染症に次いで多発する。大腸菌による感染が最も多い。尿道や膀胱に炎症を生じる下部尿路感染症では、排尿時痛、下腹部の違和感、残尿感、頻

尿等の症状がみられる。腎盂腎炎に至ると、高熱、悪寒、腰背部痛、顔色不良などの症状がみられるようになる。

水分を十分に摂取し、保温するとともに、日頃から陰部を清潔に保つように心掛ける。

## 6　神経・筋疾患：けいれん性疾患

### (1) てんかん

大脳の神経細胞に発生する過剰な活動（発射）により、てんかん発作（大脳に異常な興奮が起こることによって生じる発作）を繰り返す。3歳以下で発症することが多い。多くは原因が不明である「特発性てんかん」と、脳の障害や脳の傷害により生じる「症候性てんかん」に分類される。過剰な活動が発生する場所の違いによって症状が異なる。

てんかん発作を抑えるための服薬治療などを継続して受けていることがある。周囲の無理解などにより、二次的な障害ゆえの心理的な負担や社会的課題に直面することがあるため、子どもや家族を支援する。

### (2) 熱性けいれん （第3章第1節2の(2)「けいれん（ひきつけ）」を参照）

主に2歳以下の子どもに多く、急な発熱に伴って、呼びかけに応えなくなり、眼球が上転して、意識をなくし、けいれんを生じる。口唇や顔貌が蒼白になることもある。脳の発達の未熟さや、遺伝的素因により発症する。学童期に消失することが多い。けいれんは一般に2〜3分間程度でおさまり意識が回復するが、けいれんが30分間以上継続する「けいれん重積」がみられることがある。

保育者がけいれんの様子を見て慌てることがあるので、落ち着いて行動する。子どもの口の中にタオルや割り箸などの物を入れないようにする。

## 7　内分泌・代謝性疾患：糖尿病

### 〈代謝性疾患〉

1型（インスリン依存型）と2型（インスリン非依存型）に分類される。

1型では、初期に、多飲、多尿、口渇、全身倦怠感、体重減少等を発症する。悪化すると糖尿病性昏睡に陥るため、注意が必要である。インスリン療法と、食事療法、運動療法を実施しており、低血糖を予防するための対応（低血糖症状の理解、糖分摂取の方法の理解・実践等）が重要である。

　2型では、家族性が多く、肥満との関連が指摘される。食事療法と運動療法が併用されていることが多いため、継続できるように支援する。

## 8　自己免疫・アレルギー性疾患など

### 〈アレルギー疾患〉

### (1) 気管支喘息

　慢性的な炎症により気道が狭窄（狭くなる状態）したり過敏になったりして、咳嗽、喀痰の産生、喘鳴、呼吸困難などを発症する。ハウスダストやダニなどを吸い込んだ刺激をはじめ、疲労時や体調不良時、夜間や早朝、気温差が激しい季節の変わり目、走ったり運動したりした後に症状が出やすい。大気汚染や化学物質による影響の他、家屋構造などの生活環境の変化、ストレスの増大などにより、気管支喘息の治療を受ける子どもは増える傾向にある。

　気管支喘息の診断や治療は、表4-1の重症度や呼吸機能の結果などに基づい

**表4-1　小児気管支喘息の重症度分類**[1]

| | 特　徴 |
|---|---|
| 間　欠　型 | 軽い症状数回/年<br>短時間作用性$\beta_2$刺激薬（気管支の筋肉の緊張をやわらげる薬剤）頓用で短期間で改善し、持続しない。 |
| 軽症持続型 | 軽い症状1回/月〜1回/週<br>時に呼吸困難、日常生活への障害は少ない。 |
| 中等症持続型 | 軽い症状1回/週〜1回/日<br>時に大・中発作となり日常生活が障害される。 |
| 重症持続型 | 毎日、週に1〜2回大・中発作となり日常生活が障害される。<br>治療下でもしばしば増悪（ますます悪くなる）。 |
| 最重症持続型 | 重症持続型の治療を行っても症状が持続する。<br>しばしば時間外受診し、入退院を繰り返す。<br>日常生活がしばしば障害される。 |

て実施される。症状を悪化させたり繰り返したりしないように、治療を継続することが重要である。

　日頃から、刺激になる物質を吸い込むことを避ける他、居室をこまめに清掃する、睡眠を十分にとる、適度に運動する、かぜやインフルエンザを予防する、ストレスをためない、子どもの体調の変化や気づきを記録するなどの対策を合わせて実施する。

## (2) アトピー性皮膚炎

　体質が関係しているとみられる、若年者層に多い、慢性の湿疹性皮膚炎である。ダニ、カビ、動物の毛、ハウスダストをはじめ、化学物質、発汗、皮膚の汚れ、衣服のきつさ・こすれや、音などの機械的刺激によっても生じると考えられている。

　主な症状は、湿疹と強い掻痒感（そうようかん）である。よくなったり悪くなったりを繰り返す。年齢ごとに表 4-2 のような特徴がみられる。

表 4-2　アトピー性皮膚炎の特徴

| 乳児期 | 生後 3〜6ヶ月頃に、頬、耳周囲、前額部に、非常に痒い紅斑（こうはん）、丘疹（きゅうしん）、小水泡（しょうすいほう）が出現する。 |
|---|---|
| 幼児期前期 | 発疹が体幹や手足に移行し、首、肘、膝内側に出現する。 |
| 幼児期後期 | 首の前、腋の下、肘や膝の内側の皮膚が厚くゴワゴワになり（苔癬化（たいせん））、全身の皮膚が乾燥して、角質（かくせつ）が落屑（剥がれ落ちること）する。 |

　治療では、炎症を抑えるとともに、皮膚の刺激を減らしたり皮膚を保護したりするケアを合わせて実施する。

　日常生活では、子どもの居室の清掃をこまめに行い、皮膚を清潔に保つように心掛ける。掻くことによって症状が悪化することがあるので、皮膚の保湿を保って痒みをやわらげる一方、子どもの爪をこまめに切ったり、皮膚をガーゼなどで保護したりする[2]。

## (3) 食物アレルギー

　即時型では、ある特定の食物（アレルゲン）を摂食・吸引・接触した後に、

蕁麻疹などの皮膚症状をはじめ、喘鳴や呼吸困難、粘膜の充血や腫脹、下痢や嘔吐、チアノーゼや血圧低下、意識消失や失禁など（アナフィラキシーショック）を発症する。乳製品、卵、小麦、大豆、肉、魚、甲殻類、ソバ、ナッツ類などで反応がみられる。食物の除去または解除については、食物経口負荷試験[3]（アレルギーが確定しているか疑われている食品を単回または複数回に分割して摂取させ、症状の有無を確認する検査）などの結果に基づいて検討される。

　食事制限が必要な場合、制限を最低限に留め、代替食の活用等を通して子どもたちが楽しく食事できるように支援する。アナフィラキシー症状を生じた場合、子どもに処方されているペンタイプのアドレナリン自己注射液（エピペン®）をすみやかに適切に注射できるように、日頃から研修などを受けておく必要がある[4]。エピペン® 使用後は、ただちに 119 番通報するなどして、医療機関を受診する[5]。

## 9　栄養障害における疾患

### (1) 栄養失調症

　栄養摂取量が量的または質的に不足している状態である。食事の偏りや不適切な養育などにより、必要量のエネルギーは摂取できているが、主要なミネラル、A や $B_1$ といったビタミン類などの特定の栄養素が不足して栄養失調症を発症する子どもが日本でもみられる。

　近年には、過剰な日焼け対策などによりビタミン D が生成されにくくなり、くる病という骨の病気が子どもに増加しているという報告もされている。また、新生児や母乳哺乳の乳児にはビタミン K が不足する傾向があり、出血傾向を予防するために、出生日、産院の退院時、1 ヶ月健診時にビタミン K 製剤（ビタミン $K_2$ シロップ）を投与し補充することが一般的である。

### (2) ビタミン欠乏症および過剰症

　それぞれの症状の特徴は、表 4-3 の通りである。

表 4-3　ビタミン欠乏症および過剰症の症状

| | ビタミン A (レバー、あんこうの肝、うなぎ、海苔などに多い。) | ビタミン B$_1$ (豚肉、青海苔、大豆、昆布などに多い。) | ビタミン D (きくらげ、あんこうの肝、いわし干し、さけなどに多い。) | ビタミン K (茶葉、納豆、パセリ、しそなどに多い。) |
|---|---|---|---|---|
| 欠乏症 | 夜盲症、免疫機能の低下、皮膚・粘膜の角質化など | 倦怠感、食欲不振、脚気など | くる病、骨軟化症 | 血液凝固遅滞、出血傾向 |
| 過剰症 | 頭痛、皮膚の落屑、脱毛、筋肉痛などサプリメント等やレバーの過剰摂取に注意する。 | 通常の食品による摂取であれば過剰症の心配はない。サプリメント等による過剰摂取に注意する。 | 高カルシウム血症、腎臓障害 | 通常の食品による摂取であれば過剰症の心配はない。血液を凝固しにくくするワルファリンを処方されている場合、ビタミン K を摂取しすぎないように注意する。 |

## 第 2 節　感染症の理解と対応

## 1　感染症全般にかかわる理解と対応

### (1) 感染症の発生要因

　感染症の発生要因には、1) 感染源、2) 感染経路、そして、3) 感受性のある個体（宿主）が挙げられる。感染源がなければ感染症にかかることはなく、感染源があっても感染経路を通して感染源と接しなければ感染症にかかることはなく、感染経路を通して感染源と接しても個体（宿主）の感受性によっては感染したり発症したりしにくいことがある。

　保育において感染症に対応するために、感染症の発生にかかわるそれぞれの要因について学習しよう。

### 1) 感染源

　感染源には、人間の他、動物などが挙げられる。病原体には、細菌、ウイルス、原虫、真菌、寄生虫などがある。

## 2）感染経路

感染経路には、経口感染、経気道感染、経皮感染、接触感染が挙げられる。

**表4-4　主な感染経路と感染症**

| 経口感染 | 細菌性赤痢、腸チフス、パラチフス、コレラ、急性灰白髄炎（ポリオ）など |
|---|---|
| 経気道感染<br>（呼吸器感染、飛沫感染、空気感染） | 麻疹、結核、百日咳、インフルエンザ、ジフテリアなど |
| 経皮感染<br>（皮膚感染） | 病原体が皮膚の傷口から侵入：後天性免疫不全症候群（AIDS）、破傷風、B型肝炎など<br>病原体が皮膚から侵入：ワイル病<br>動物に噛まれたり昆虫に刺されたりして感染：狂犬病、日本脳炎、マラリア、ペスト、つつが虫病、発疹チフスなど |
| 接触感染 | 直接接触感染：梅毒等の性感染症、後天性免疫不全症候群（AIDS）など<br>間接接触感染：黄色ブドウ球菌感染症など |

## 3）感受性のある個体（宿主）

個体の遺伝的素質の他に、身体状態、免疫（ウイルスや細菌などの自分と違うとみなす異物を攻撃し排除しようとする防御システム）の程度などが影響する。

①受動免疫

　他の個体の抗体（免疫反応の担い手として体内で産生されるタンパク質）をもらって獲得される免疫である。

　胎盤から胎児に移行する IgG、乳汁から乳児に移行する IgA などがある。

②能動免疫

　感染、予防接種により獲得される免疫である。終生免疫（生涯にわたる免疫）もある。

　　生ワクチン：抗原（自分と違うとみなす異物。ウイルスや細菌など）が弱毒化されたワクチン

　　不活化ワクチン：感染力を不活化したワクチン

　　トキソイド：抗原性（抗体を認識して結合する抗原の性質）を残し無毒化されたワクチン

## (2) 感染症の予防対策

　集団において乳児期から子どもが育つ保育所などでは、養護と教育を一体的に行うために、感染症の予防にかかわる理解と対応が重要である。

　保育所などでは、医務室の環境を整備するなど、感染症の予防に備えておく。子どもに感染症の疑いがあることに気づいた場合、嘱託医の指示を受けるとともに、保護者に連絡をとる。幼稚園などにおいて子どもが学校感染症にかかった場合、出席停止期間を守り、必要に応じて市町村、保健所などに連絡する。

　保育において、予防接種歴は重要な情報である。入所時に、子どもの予防接種歴、感染症の罹患歴などを母子健康手帳などにより確認する。園の嘱託医、子どものかかりつけ医に相談しながら、予防接種を計画的に接種するように奨励する。

### 1）法定対策

　法律では、感染症の予防対策として、以下の 8 項目が定められている。

① 感染源の早期発見
② 入院あるいは治療の義務
③ 感染源、感染経路、原因の調査
④ 潜在患者、保菌者の発見
⑤ 排泄物、汚染物質、室内の消毒
⑥ 登園の停止
⑦ 交通の遮断
⑧ 病原体保有動物の駆除

### 2）感染源対策

　感染症の要因のひとつである感染源対策に関しては、法律ごとに定めがある。以下では、①感染症の予防及び感染症の患者に対する医療に関する法律、②学校保健安全法、学校保健安全法施行規則、の順に、定められた事項を挙げる。

**① 感染症の予防及び感染症の患者に対する医療に関する法律（以下「感染症法」）**

　感染症法では、1 類〜5 類感染症に関する定めがある。1 類〜5 類感染症と

### 表 4-5　感染症の分類（感染症法）

| 分　類 | 感染症の疾病名等 |
|---|---|
| 1 類感染症 | エボラ出血熱、クリミア・コンゴ出血熱、痘瘡、南米出血熱、ペスト、マールブルグ病、ラッサ熱。 |
| 2 類感染症 | 急性灰白髄炎（ポリオ）、結核、ジフテリア、重症急性呼吸器症候群、中東呼吸器症候群、鳥インフルエンザ（H5N1）、鳥インフルエンザ（H7N9）。 |
| 3 類感染症 | コレラ、細菌性赤痢、腸管出血性大腸菌感染症、腸チフス、パラチフス。 |
| 4 類感染症 | E 型肝炎、ウエストナイル熱、A 型肝炎、エキノコックス症、黄熱、オウム病、オムスク出血熱、回帰熱、キャサヌル森林病、Q 熱、狂犬病、コクシジオイデス症、サル痘、ジカウイルス感染症、重症熱性血小板減少症候群、腎症候群性出血熱、西部ウマ脳炎、ダニ媒介脳炎、炭疽、チクングニア熱、つつが虫病、デング熱、東部ウマ脳炎、鳥インフルエンザ（H5N1 および H7N9 を除く）、ニパウイルス感染症、日本紅斑熱、日本脳炎、ハンタウイルス肺症候群、B ウイルス病、鼻疽、ブルセラ症、ベネズエラウマ脳炎、ヘンドラウイルス感染症、発疹チフス、ボツリヌス症、マラリア、野兎病、ライム病、リッサウイルス感染症、リフトバレー熱、類鼻疽、レジオネラ症、レプトスピラ症、ロッキー山紅斑熱。 |
| 5 類感染症 | アメーバ赤痢、ウイルス性肝炎（E 型肝炎および A 型肝炎を除く）、カルバペネム耐性腸内細菌科細菌感染症、急性弛緩性麻痺（急性灰白髄炎を除く）、急性脳炎、クリプトスポリジウム症、クロイツフェルト・ヤコブ病、劇症型溶血性レンサ球菌感染症、後天性免疫不全症候群（AIDS）、ジアルジア症、侵襲性インフルエンザ菌感染症、侵襲性髄膜炎菌感染症、侵襲性肺炎球菌感染症、水痘（入院例に限る）、先天性風疹症候群、梅毒、播種性クリプトコックス症、破傷風、バンコマイシン耐性黄色ブドウ球菌感染症、バンコマイシン耐性腸球菌感染症、百日咳、風疹、麻疹、薬剤耐性アシネトバクター感染症。 |
| 新型インフルエンザ等感染症 | ―― |
| 指定感染症 | 1～3 類感染症に相当する対応が必要とされ、1 年間を期限に政令で指定された感染症。感染力が高まったり毒性が強まったりした感染症を予防するために政令で定められる。近年では、2013 年に、鳥インフルエンザ A（H7N9）を指定感染症とする政令が公布された。強制的な入院による隔離や就業制限等が必要になり、人権を著しく制約することになるため、政令は厚生科学審議会感染症部会の意見に基づくなど、一定の手続きを経て公布される。 |

は、すべての医師がすべての患者の発生について最寄りの保健所に届け出を行う感染症である。また感染症法では、新型インフルエンザ等感染症、指定感染症についても定められている（表4-5）。

**② 学校保健安全法、学校保健安全法施行規則**

学校保健安全法、学校保健安全法施行規則では、第一種～第三種に関する定めがある（表4-6）。

**表4-6　感染症の分類**（学校保健安全法）

| 分　類 | 病　名 | 出席停止の期間 |
|---|---|---|
| 第一種 | エボラ出血熱、クリミア・コンゴ出血熱、痘瘡、南米出血熱、マールブルグ病、ラッサ熱、ペスト、急性灰白髄炎（ポリオ）、ジフテリア、重症急性呼吸器症候群（SARSコロナウイルス）、中東呼吸器症候群（MERSコロナウイルス）、特定鳥インフルエンザ。 | 完全に治癒するまで登園・登校禁止。 |
| 第二種 | 症状により学校医その他の医師が感染のおそれがないと認めるまで登園・登校禁止。 | |
| | インフルエンザ（特定鳥インフルエンザを除く） | 発症後5日、かつ解熱後2日（幼児は3日）を経過するまで。 |
| | 百日咳 | 特有の咳が消失、または5日間の抗菌性物質製剤による治療が終了するまで。 |
| | 麻　疹 | 解熱後3日を経過するまで。 |
| | 流行性耳下腺炎 | 耳下腺、顎下腺または舌下腺の腫脹の発現後5日を経過、かつ全身状態が良好になるまで。 |
| | 風　疹 | 発疹が消失するまで。 |
| | 水　痘 | すべての発疹が痂皮（かさぶた）化するまで。 |
| | 咽頭結膜熱 | 主要症状が消退した後2日を経過するまで。 |
| | 結　核 | 学校医等が感染のおそれがないと認めるまで。 |
| | 髄膜炎菌性髄膜炎 | 学校医等が感染のおそれがないと認めるまで。 |
| 第三種 | コレラ、細菌性赤痢、腸管出血性大腸菌感染症、腸チフス、パラチフス、流行性角結膜炎、急性出血性結膜炎、その他の感染症。 | 症状により学校医その他の医師が感染のおそれがないと認めるまで登園・登校禁止。 |

### 3) 感染経路対策

感染症の第二の要因である感染経路対策では、感染経路、消毒方法、消毒する対象ごとに対策を講じることができる。対策では、保育者などのおとなが中心になって取り組むだけでなく、子どもが取り組むことができる対策を通して、健康であり、健康であることを高める子どもの力を育てることを心掛けたい（以下、★は特に子どもが取り組めるもの）。

#### ① 感染経路ごとの対策

感染経路ごとに、経口感染、飛沫感染、経皮感染、接触感染に分けられる。対策はそれぞれ表 4-7 の通りである。

表 4-7　感染経路の種類および対策

| 感染経路 | 対　策 |
|---|---|
| 経口感染 | 保育所などの衛生管理を徹底する。保育環境を清潔に保持する。ネズミや害虫を駆除する。★排泄後、食前などにしっかりと手洗い、うがいをする。 |
| 飛沫感染 | 人込みを避けて活動する。★外遊び後などに、しっかりと手洗い、うがいする。★必要に応じてマスクを着用する。 |
| 経皮感染 | 感染症の媒介動物（ネズミ、蚊など）を駆除する。飼育する犬に狂犬病の予防接種を実施する。 |
| 接触感染 | 感染した物を消毒または焼却する。不衛生な性行為を避ける。 |

#### ② 消毒方法ごとの対策

流水と石けんによる十分な手洗い、液体石けんやペーパータオルの使用、使い捨て手袋の着用が奨励されている。保育所などで消毒薬を使用する場合、消毒薬の特性をふまえて使用する必要がある。消毒方法は、主に消毒用アルコール、逆性石けん、次亜塩酸ナトリウムが挙げられる。それぞれの特徴は表 4-8 の通りである。

#### ③ 消毒対象ごとの対策[6]

消毒対象ごとの対策は、表 4-9 の通りである。

表 4-8　消毒方法の種類および特徴

| 消毒方法 | 有効菌 | 無効菌 | 適応 | 濃度 | 留意点 |
|---|---|---|---|---|---|
| 消毒用アルコール | 多くの細菌、真菌、ウイルス（HIV 含む）、結核菌、MRSA（メチシリン耐性黄色ブドウ球菌） | B 型肝炎ウイルス | 手指、便器、トイレのドアノブ、遊具 | 希釈しない。手洗い後に使用し、自然乾燥させる | ゴム製品・合成樹脂などを長時間浸さない |
| 逆性石けん | 多くの細菌、真菌 | 結核菌、大部分のウイルス | 手指、トイレのドアノブ | 通常 100〜300 倍に希釈 | 一般の石けんと同時に使用すると効果がない。毎日作り換える |
| 次亜塩素酸ナトリウム | 多くの細菌、真菌、ウイルス（HIV、B 型肝炎ウイルス含む）、MRSA | 結核菌、一部の真菌 | 哺乳瓶、歯ブラシ、衣類、遊具 | 一般に市販されている塩素濃度 6％の薬液を 200〜300 倍に希釈 | 汚れをよく落とし、薬液に 10 分間浸した後、水洗いする。糞便・汚物で汚れた場合、よく拭き取り、300 倍希釈液で拭く。漂白作用があるため、金属に使用できない |

表 4-9　消毒対象の種類および対策

| 消毒対象 | 対策 |
|---|---|
| 手指 | 日頃から、子どもに個別の清潔なタオル、あるいは、ペーパータオルを使用する。食事その他のタオルと、トイレ用のタオルを区別する。下痢、感染症が発生した場合、流水、石けんでしっかりと手洗いした後に消毒する。糞便の処理時には、ゴム手袋を使用する。★日頃から、流水、石けんでしっかりと手洗いする。 |
| 遊具、玩具 | 洗えるものは、定期的に流水で洗い、日光消毒する。乳児が舐める物については毎日洗う。糞便、嘔吐物などで汚れた場合、ゴム手袋を着用して汚れを落とし、次亜塩素酸ナトリウム 300 倍希釈液に浸して、水洗いしてから日光消毒する。<br>洗えないものは、定期的に湯拭きまたは日光消毒する。乳児が舐める物については毎日拭く。糞便、嘔吐物などで汚れた物は、ゴム手袋を着用してよく拭き取り、次亜塩素酸ナトリウム 300 倍希釈液（結膜炎流行時には消毒用アルコール）で拭いて日光消毒する。 |
| 衣類、ぬいぐるみ | 定期的に洗濯する。日光消毒し、汚れたら随時洗濯する。糞便、嘔吐物などで汚れた場合、ゴム手袋を着用して汚れを落とし、次亜塩素酸ナトリウム 300 倍希釈液に 10 分間浸した後に、水洗いする。汚れがひどい場合、処分する。 |

### 4）感受性のある宿主（感染を受けやすい人）

感染症の第三の要因である感受性のある宿主対策には、予防接種にかかわる定めが挙げられる。予防接種には、①定期接種と②任意接種がある。

なお、予防接種を受けることが適当でない者、予防接種を受ける場合に注意が必要な者として、以下の対象が挙げられている。

> **予防接種を受けることが適当でない者**
> 　発熱者、重篤な急性疾患罹患者、予防接種液の成分でアナフィラキシーを起こした者、妊娠している者（原則として生ワクチンは接種不可、表4-10を参照）。
>
> **予防接種を受ける場合に注意が必要な者**
> 　心臓・腎臓・肝臓・血液疾患罹患者、基礎疾患罹患者、予防接種後2日以内に発熱のあった者、アレルギーを疑う症状がみられたことのある者、けいれんの既往歴のある者、免疫不全と診断されたまたは近親者に先天性免疫不全症罹患者がいる者、予防接種液にアレルギー反応を起こすおそれのある者、BCG接種対象者で長期間結核患者と接触していた者または結核に感染しているおそれがある者。

### ① 定期（勧奨）予防接種

市町村長が保健所長の指示に基づいて時期を指定して行う予防接種である。集団予防を目的とするA類疾病と、主に高齢者を対象とした個人予防を目的とするB類疾病に分類される（表4-10）。定期予防接種は、いずれも公費で実施される（一部で自己負担がある）。定期予防接種により健康被害が生じた場合、救済給付にかかわる制度が適用されることがあるため、市区町村などに相談する。

### ② 任意（自発的）予防接種

希望者が各自で受ける。接種費用は自己負担になる。流行性耳下腺炎、ロタウイルス、A型肝炎などがある。任意予防接種によって健康被害が生じた場合、独立行政法人医薬品医療機器総合機構法による救済制度が適用されることがある。

表 4-10　定期（勧奨）予防接種の分類

| | | |
|---|---|---|
| A 類疾病（集団予防を目的とする感染症） | ① DPT-IPV<br>（4 種混合）<br>（不活化ワクチン） | ポリオ（急性灰白髄炎、小児まひ）、ジフテリア D、百日咳 P、破傷風 T を予防する。生後 3 ヶ月で接種する（4 回：初回 3 回、追加 1 回 11 歳以上 13 歳未満）。 |
| | ② BCG<br>（生ワクチン） | 結核を予防する。生後 5〜8 ヶ月未満に接種する（1 回）。 |
| | ③麻疹・風疹混合<br>（生ワクチン） | 麻疹、風疹を予防する。1 歳の誕生日を迎えたらすぐに接種する（2 回：初回 1 回、追加 1 回 5 歳以上 7 歳未満）。 |
| | ④日本脳炎<br>（不活化ワクチン） | 日本脳炎を予防する。3 歳で接種する（1 期 3 回：初回 2 回、追加 1 回 4 歳から 5 歳。2 期 9 歳から 10 歳で 4 回目）。 |
| | ⑤ヒブワクチン<br>（不活化ワクチン） | Hib（ヒブ）感染症を予防する。生後 2 ヶ月以上 60 月で接種する。 |
| | ⑥肺炎球菌ワクチン<br>（不活化ワクチン） | 小児の肺炎球菌感染症を予防する。生後 2 ヶ月以上 60 月で接種する。 |
| | ⑦水痘ワクチン<br>（生ワクチン） | 水痘を予防する。生後 12 月から生後 36 月で 2 回接種する。 |
| | ⑧ B 型肝炎ワクチン<br>（不活化ワクチン） | B 型肝炎を予防する。2016（平成 28）年 4 月 1 日以後に生まれた場合、生後 1 歳までで 3 回接種する。 |
| | ⑨子宮頸がんワクチン | ヒトパピローマウイルス感染症（子宮頸がん）を予防する。小 6 から高 1 相当の女子に接種する。2013 年 6 月に、適切な情報提供ができるまでの間、定期接種を積極的に勧奨すべきでないとされた。ワクチンとの因果関係を否定できない持続的痛みがワクチン接種後に特異的にみられたためである。現在も、希望する場合、定期予防接種として予防接種を受けることができる。 |
| B 類疾病（個人予防を目的とする感染症。主に成人（高齢者）が対象） | ①高齢者肺炎球菌感染症 | 定期予防接種として接種する場合、市区町村により、年度ごとに年齢を設定していたり、心臓などの機能障害、生活制限等にかかわる条件が設定されていたりすることがある。 |
| | ②季節性インフルエンザ | 定期予防接種として接種する場合、市区町村により、65 歳以上などの年齢、心臓などの機能障害、生活制限などにかかわる条件が設定されていることがある。 |

| ワクチン | 乳児期 | | | | | | | | | | 幼児期 | | | | | | | 学童期／思春期 | | | | |
|---|---|---|---|---|---|---|---|---|---|---|---|---|---|---|---|---|---|---|---|---|---|---|
| | 生直後 | 6週 | 2か月 | 3か月 | 4か月 | 5か月 | 6か月 | 7か月 | 8か月 | 9-11か月 | 12-15か月 | 16-17か月 | 18-23か月 | 2歳 | 3歳 | 4歳 | 5歳 | 6歳 | 7歳 | 8歳 | 9歳 | 10歳以上 |
| ヒブワクチン | | | ① | ② | ③ | | | | | | ④ | | | | | | | | | | | |
| 肺炎球菌ワクチン | | | ① | ② | ③ | | | | | | ④ | | | | | | | | | | | |
| B型肝炎（ユニバーサル） | ① | ② | | | | | | ③ | | | | | | | | | | | | | | |
| DPT-IPV（4種混合） | | | ① | ② | | | ③ | | | | ④ | | | | (7.5歳まで) | | | | | | | |
| ポリオ（IPV） | | | ① | ② | | | ③ | | | | ④ | | | | (7.5歳まで) | | | | | | | |
| BCG | | | | | ① | | | | | | | | | | | | | | | | | |
| 麻疹・風疹混合 | | | | | | | | | | | ① | | | | | | | ② | | | | |
| 水痘ワクチン | | | | | | | | | | ① | | ② | | | | | | | | | | |
| 日本脳炎 | | | | | | | | | | | | | | ①② | ③ | (7.5歳まで) | | | | ④ 9-12歳 | | |

■は定期接種の推奨期間、□は定期接種の接種可能な期間、①～④は接種回数。

（日本小児科学会（2018）予防接種スケジュールより作成、http://www.jpeds.or.jp/uploads/files/vaccine_schedule.pdf

**図4-1　主な予防接種スケジュール**

## 2　主な感染症の理解と対応

### (1) ウイルス感染症

#### 1) 麻疹（はしか）

　病原体は、麻疹ウイルスである。潜伏期間は、10～12日間である。感染経路は飛沫感染、接触感染、空気感染などによる。感染力が大変強い。カタル期、発疹期、回復期ごとに症状が異なる。カタル期には、発熱、鼻汁、咳嗽、眼脂（目やに）等がみられる。頬の内側の粘膜にコプリック斑（1mm程度の白い斑点）が出現する。発疹期には、解熱後に再び高熱が3～4日間持続し、同時に発疹がみられる。回復期には、発病後8日目頃から表皮が落ち、褐色色素沈着を残して治癒する。

　弱毒生ワクチンによる定期予防接種を行い、予防する。2006年から2回接種制度が導入された。

### 2）風疹（三日ばしか）

病原体は、風疹ウイルスである。潜伏期間は、14〜21日間である。感染経路は、飛沫感染である。発熱、発疹（2〜3日間程度で消失する。色素沈着を残さない）、リンパ節の腫脹がみられる。

妊娠初期の女性が風疹にかかると、胎児に先天性風疹症候群（CRS）を発症することがある。弱毒生ワクチンによる定期予防接種を行い、予防する。

### 3）水痘（水ぼうそう）

病原体は、水痘・帯状疱疹ウイルスである。潜伏期間は、10〜21日間である。感染経路は、飛沫感染、接触感染、空気感染である。感染力が大変強い。発熱、発疹（水泡から膿疱に変化し、乾燥して痂皮になる。約1週間次々に新しい発疹を発症する）がみられる。

弱毒生ワクチンによる定期予防接種により、終生免疫を獲得する。神経節に潜伏し、帯状疱疹を発症することがある。

### 4）流行性耳下腺炎（ムンプス、おたふくかぜ）

病原体は、ムンプスウイルスである。潜伏期間は、14〜24日間である。感染経路は、飛沫感染、接触感染である。発熱、頭痛、耳下腺や顎下腺の腫脹および疼痛（1週間程度で消失する）がみられる。髄膜炎、睾丸炎、難聴（片側）、膵炎を併発することがある。

弱毒生ワクチンによる任意予防接種を行い、予防する。

### 5）急性灰白髄炎（ポリオ）

病原体は、ポリオウイルスである。潜伏期間は、3〜12日間である。感染経路は、飛沫感染、経口感染である。発熱、頭痛、嘔吐、下痢などがみられる。重症例では、解熱後に手足の麻痺を発症することがある。

不活化ワクチンによる定期予防接種を行い、予防する。

### 6）突発性発疹

病原体の多くは、ヒトヘルペスウイルス6型（HHV-6）、ヒトヘルペスウイルス7型（HHV-7）である。潜伏期間は、約10日間である。感染経路は、主に飛沫感染である。高熱（3〜5日間程度持続する）、解熱と同時に発疹が出現し、1〜2日間程度で消失する。熱性けいれんを発症することがある。

### 7）手足口病

　病原体は、コクサッキーウイルス A6 型、コクサッキーウイルス A16 型、エンテロウイルス 71 型である。潜伏期間は、3〜5 日間である。感染経路は、飛沫感染、接触感染、経口感染である。手掌や足の裏に赤褐色の隆起した発疹や水疱を、また、口腔の粘膜に小水疱や潰瘍を発症する。まれに、髄膜炎や脳炎等を併発することがある。

### 8）ヘルパンギーナ

　病原体は、主に、コクサッキーウイルス A 群である。潜伏期間は、2〜4 日間である。感染経路は、飛沫感染、接触感染、経口感染である。高熱、全身倦怠感、食欲不振、咽頭痛などがみられ、軟口蓋に痛みのある小水疱を多数発症する。食事や水分を摂取することができず、脱水症になることがある。

### 9）咽頭結膜熱（プール熱）

　病原体は、アデノウイルス 3 型、4 型、7 型などである。潜伏期間は、5〜7 日間である。感染経路は、飛沫感染、接触感染である。夏にプールを介して経口感染することがある。発熱、咽頭痛、結膜炎を発症する。

### 10）伝染性紅斑（りんご病）

　病原体は、ヒトパルボウイルス B19 である。潜伏期間は、10〜20 日間である。感染経路は、飛沫感染、接触感染である。両頬に境界が鮮明な赤い発疹が、続いて手足にレース状の発疹が出現する。発疹が出現する頃には、感染力はほぼ消失する。

### 11）日本脳炎

　病原体は、日本脳炎ウイルスである。潜伏期間は、6〜16 日間である。感染経路は、コガタアカイエ蚊を媒介した経皮感染である。高熱、頭痛、嘔吐などを発症し、その後に、意識障害、けいれん、身体麻痺などがみられることがある。致死率が高く、後遺症を残すことがある。

　不活化ワクチンによる定期予防接種を行い、予防する。

### 12）インフルエンザ

　病原体は、インフルエンザウイルス A 型、B 型、C 型である。潜伏期間は、1〜3 日間である。感染経路は、飛沫感染、接触感染である。発熱、頭痛、鼻

汁、咳嗽、嘔吐、下痢、筋肉痛、関節痛などがみられる。脳炎、肺炎を併発することがある。

手洗いやうがいの励行、マスクの着用、加湿器の利用、流行時に人ごみを避けるなどして予防する。予防接種により、重症化することを防ぐ。

### 13）B 型肝炎

病原体は、B 型肝炎ウイルス（HBV）である。潜伏期間は、1〜6 ヶ月間である。感染経路には、母子感染、血液・体液感染、性行為による感染がみられる。全身倦怠感、食欲不振、発熱、黄疸などを発症する。慢性肝炎に移行することがある。

保菌者の血液や体液に触れないようにする。B 型肝炎ワクチンによる定期予防接種を行い、予防する。1985 年から「B 型肝炎母子感染防止対策事業」が導入され、公費による妊婦への HBs 抗原検査が実施されることになった。


## (2) 細菌性感染症

### 1）ブドウ球菌感染症

伝染性膿痂疹（とびひ）、上気道感染症（かぜ症候群）、腸炎、尿路感染症、新生児剥脱性皮膚炎などを発症する。MRSA（メチシリン耐性黄色ブドウ球菌）による感染では、死に至ることがある。

### 2）溶連菌（溶血性連鎖球菌）感染症

病原体は、溶連菌 A 群、溶連菌 B 群である。A 群による猩紅熱<ruby>猩紅熱<rt>しょうこうねつ</rt></ruby>では、発熱、全身に紅色の発疹、扁桃炎、いちご状舌を発症する。回復期に、リウマチ熱や急性腎炎を発症することがある。B 群による感染では、産道感染により重篤な新生児感染症を発症することがある。

### 3）百日咳

病原体は、百日咳菌である。潜伏期間は、多くは 7〜10 日間である。感染経路は、飛沫感染、接触感染である。上気道感染症（かぜ症候群）のような症状が 1〜2 週間持続し、その後にレプリーゼと呼ばれる、夜間に悪化する発作を発症する。1 ヶ月程度経過した後に回復する。乳児では死亡することがあるため、早期から適切にケアする。

### 4）ジフテリア

　病原体は、ジフテリア菌である。潜伏期間は、2〜5日間である。感染経路は、飛沫感染である。感染部位により、発熱、咽頭痛、倦怠感などを発症する。咽頭・扁桃ジフテリアでは、咽頭周囲に偽膜（炎症により形成された膜。ジフテリア菌が存在する）を形成することがある。現在、国内での発生はきわめてまれである。不活化ワクチンによる定期予防接種を行い、予防する。

### 5）破傷風

　病原体は、破傷風菌である。潜伏期間は、3日間〜3週間である。泥土の錆びた釘などに存在し、傷口から侵入して発症する。口を開けにくい、首筋が張る、身体が痛いなどの局所的な症状から、身体のしびれや痛みが全身に拡がる。重篤になると、呼吸筋を含む筋の硬直、毒素による激しいけいれんといった致命的な症状がみられることがある。

　DPT-IPV による定期予防接種を行い、予防する。免疫は約10年間程度持続する。

### 6）結　核

　病原体は、結核菌である。潜伏期間は、不定（半年〜2年間）である。感染経路は、飛沫感染、空気感染である。咳嗽、寝汗、夕方の微熱、疲労感などを発症する。治療の過程で隔離療養が必要になることがある。日本のかつての死因の第一位であった。若年者・高齢者で増加する傾向がみられ、1999年に緊急事態宣言が出された。乳幼児では、結核性髄膜炎、粟粒結核（複数の臓器に結核性病変がみられる状態）を発症するなど重症化することがある。

　乳児期にBCGによる定期予防接種を行い、予防する。

### 7）細菌性赤痢

　病原体は、赤痢菌である。潜伏期間は、1〜5日間である。糞便に排出された赤痢菌が手指や害虫などにより媒介されて、飲食物から経口感染する。発熱、腹痛、下痢がみられ、病原性が強いと粘液血便やしぶり腹（便が出ない、あるいは、便が少ししか出ないのに、便意を頻回にもよおす状態）などを発症する。

　手洗いを励行する。ネズミや害虫を駆除する。感染者を早期に発見し適切にケアする。

## 8) 腸管出血性大腸菌感染症（O157、O26、O111 など）

病原体は、腸管出血性大腸菌である。潜伏期間は、2〜9 日間である。腸管出血性大腸菌が糞便から排出され、手指などを媒介して、経口感染する。ベロ毒素により、激しい腹痛、水様便、血便などを発症する。溶血性尿毒症症候群、脳炎等の合併症を発症し、死亡することがある。

排泄後、調理・調乳の際、食前に手をよく洗う。食品を十分に加熱し、肉の生食を避ける。野菜をよく洗う。

## (3) 性感染症

### 1) 先天性梅毒

病原体は、梅毒トレポネーマ（スピロヘータの一種）である。妊婦が梅毒にかかると胎児に感染する。乳幼児期に梅毒疹、骨軟骨炎などがみられる。学童期から思春期にかけて角膜炎、内耳性難聴、永久歯の発育阻害などがみられる。

妊娠早期に梅毒検査を実施し、陽性妊婦にペニシリン療法を実施する。学校教育等において性感染症などにかかわる性教育を行う。

### 2) エイズ（後天性免疫不全症候群：AIDS）

病原体は、ヒト免疫不全ウイルス（HIV）である。潜伏期間は、数週間〜十数年間である。性行為、輸血、注射などによる血液や体液を媒介した直接接触感染により感染する。HIV がリンパ球中の T 細胞を破壊し、免疫力が低下することにより、弱毒菌による感染症、悪性腫瘍（がん）などを発症する。感染を早期に発見し、発症を薬剤により抑制する。

専門機関等から正確な最新の情報を得る。HIV による汚染物を熱や消毒液により十分に消毒する。不特定の人との性交渉を避ける。

## 1　精神障害

### (1) 統合失調症

　遺伝的要因と環境的要因が関係する。破瓜型（意識低下や感情の平板化が中心）、緊張型（極度の緊張や行動の異常が中心）、妄想型（幻覚や妄想が中心）に大別される。発症年齢が低いほど、後の人格障害も重症化する傾向がみられる。自分が病気であるという認識（病識）がないため、積極的に治療されないことがある。幻覚（幻視・幻聴）、妄想、思考伝播（自分の考えが他人に勝手に伝わってしまうと感じる）、感情鈍麻、自閉、自発性の低下、抑うつなどを、多くは思春期以降に発症する。子どもでは、幻視の頻度が高い。妄想の世界に浸り、幻覚にとらわれたり、周囲に無関心になるなど、感情の平板化や、常同運動（目的や意味を明確にすることが難しい反復的な行動）が出現することがある。

　統合失調症の対応では、薬物療法と精神療法を実施する。抗精神病薬、抗不安薬等を投与し、自閉的にならないように援助する。静かな環境を整備し、おとなが見守る。過干渉にならないように、家族を支援する。精神発達支援の対象とする。

### (2) うつ病

　憂うつ感が周期的に現れる、感情の障害を主とした精神障害である。子どものうつ病も認められる。憂うつ感（表情、口数、活動性などで確認）、集中力の減退、不眠、身体症状（頭痛、腹痛、食欲減退、体重減少など）、理由のないイライラ感（精神運動性焦燥）、好きだったことを楽しめなくなるなどの症状がみられる。

　うつ病の対応では、精神療法、薬物療法を実施する。幼児では、特に早期に発見し、適切に対応するよう努める。子どもを受容することが基本である。安心できる心地よい環境を整える。自分の感情の表出が困難になる傾向がみられるため、子どもを観察し、変化を見落とさないようにする。年齢上昇に応じ

て、他者の言動に過敏に反応し、引きこもったり、生活を放棄したりするようになることがあるので、注意が必要である。追いつめられると負担になり、逆効果になることがあるため、励ましたり、頑張らせたりしないように注意する。自責感や絶望感を伴う場合、自殺予防に心掛ける。傾聴し、共感に努めるなど、家族も支援する。

## 2　神経症

　神経症とは、不安、緊張、葛藤に精神的健康を脅かされ、精神機能を変調して、環境に適応できない状態である。程度や症状により、以下のような種類に分けられる。

### (1) 強迫性障害

　明らかに不合理な観念（強迫観念）や行為（強迫行動）が、自分の意思に反して何度も繰り返し現れてくる状態である。不快な感情を伴う。抑えようとするとかえって強くなり、日常生活に支障をきたすことがある。学童期以降では、男児の発症割合が高い傾向がある。

　例えば、不潔への恐怖から何度も手を洗う（洗手強迫、不潔恐怖）、先の尖った物に激しい恐怖を感じて近づけない（先端恐怖）、戸締まりが気になって何度も繰り返し確かめてしまうなどが生じる。排尿しないと気がすまなくなる観念にとらわれて頻尿になることもある。

　治療法としては、認知行動療法（ものの考え方や受け取り方にかかわる認知の偏りを修正して問題の解決を支援する精神療法）、森田療法（症状へのとらわれから脱してあるがままの心情を得られるように支援する精神療法）などが有効である。幼児期では、家族等の行動を模倣していることがある（特に母親など第一養育者の不安を投影する傾向にある）ため、家族支援を合わせて行う。

### (2) 解離性障害

　困難に直面して強い葛藤が意識下にある時に、知覚や記憶等を意識から切り離すことで、その状況を回避しようとする状態である。

心に強い傷が残るような出来事に関する記憶がまったくなくなってしまう（解離性健忘）、職場や過程等の場所から突然失踪し、いつのまにか自分の知らない場所にいる（解離性遁走）、意識はあるが、もうろうとした状態になり、重度になると昏迷状態に陥る（解離性昏迷）、2つ以上のはっきり区別できる人格が形成され、それぞれが独立した行動をとる（解離性同一障害、いわゆる多重人格）等がみられる。

### (3) 転換性障害（かつてのヒステリー）

強い葛藤やストレスなどが無意識のうちに身体症状に転換される状態である。葛藤やストレスを自覚しにくく、言葉で表現しにくい傾向にある子どもの場合、転換性障害が生じやすい。身体の病気が認められないのに、何らかの要因がきっかけになって、運動障害（手が挙がらない、歩けないなど）、声が出ない、触覚や痛覚等の感覚異常、聴覚障害、視覚障害、けいれんなどを生じることがある。

転換性障害の対応では、身体症状をやわらげるとともに、子どもの葛藤やストレスの原因にはたらきかける必要がある。専門家の支援を得ながら、安全であり安心であると感じることができるような環境を整備し、子どもの自尊感情の回復に努める。

### (4) 対人恐怖症

他人と一緒にいる時に、過度に強い不安と緊張を生じる状態である。身体的には、赤面、声や手足の震え、こわばり、動悸、発汗などを生じることがある。「他人から嫌がられているのではないか」「不快な感じを与えているのではないか」と、容貌や能力が劣っているようにみられることを気にして、他人とかかわらないようになる。自分の視線が他者に不快感を与えないかと気にする自己視線恐怖症、体臭を気にする自己臭恐怖症、見た目を気にする醜形恐怖症を含む。

対人恐怖症の対応では、認知行動療法などの心のケアを行う。ソーシャルスキル・トレーニング（SST）を活用して、対人・社会的な場面における不安や

緊張を緩和し、子どもの自信を育てる。

## (5) 不安神経症

　初めての場所、人、事柄に直面した時に、強い不安感や恐怖感を覚える状態である（例えば、視線、言葉、接触、会話、別れなど）。身体的には、筋肉の緊張、震え、のどが詰まる感じ、呼吸が浅くなる、手足の冷感、熟睡感がない、疲れやすいなどの症状がみられる。慣れた人、場所、事柄でも、状況が変わると発症することがある。認知行動療法などの心のケアを行う。

## (6) 過換気（過呼吸）症候群

　不安神経症の症状が身体的な変化（過換気発作）に結びついたものである。精神的な不安、恐怖、怒り、敵意などによって、意図しないのに、浅い呼吸を何度も繰り返し、これを止められずに二酸化炭素が過剰に排出されて、全身症状（空気を吸えない感じのほか、動悸、胸痛、嘔気、手足のしびれ、けいれんなど）を生じ、意識を消失することもある。全身症状を生じて不安が高まると、呼吸運動がさらに速くなって悪循環に陥る傾向がみられる。

　過換気（過呼吸）症候群の対応では、子どもを安心させ、ゆっくりと呼吸するように声を掛ける。保護者や専門家と協力して子どものストレスの緩和に努める。子どもの発達に応じて、なぜ発作が生じるのか、発作が生じたらどうしたらよいかを説明し、理解を得る。

## (7) 摂食障害

　神経性やせ症（神経性無食欲症）、神経性過食症、その他の摂食障害がみられる。相反する食行動ではなく、体重や体型が自己評価に影響を与え、ストレスを生じている場合がある。若い女性に多く発症し、男性では非常に少ない傾向がみられる。近年、発症が低年齢化する傾向にある。

　やせ症では、やせた体型へのこだわりが強く、食事の制限、無理な運動、下痢や嘔吐、利尿剤の濫用などを行い、貧血、低血圧、月経停止、肝機能障害などを発症することがある。

過食症では、自分で過食を止められない状態になり、同時に何回も嘔吐し、下剤や浣腸を使用することもある。嘔吐後に、抑うつ気分、自己嫌悪、罪悪感、絶望感、無力感にさいなまれることがある。

　標準体重を算出し、体重との比を計算して、診断や治療に役立てる。体重を維持できるように、心のケアを合わせて実施することがあり、長期的な支援が必要な場合がある。子どもの体重の変化に注意し、保護者や専門家と協力して、栄養状態、食生活行動の改善を進める。

## 3　心身症

　精神的な不安や緊張といった心理的な要因によって、身体症状が出現する状態である。集団生活に不安のある子どもが外出する際に腹痛を訴えることなどがみられる。低年齢児では、心のサインを身体で表現していることがある。

### (1) 憤怒けいれん（泣き入り引きつけ）

　激しく泣いたり、びっくりしたり、強い痛みを感じた後に、呼吸が止まったり、心拍が止まったりして脳の血流が低下し、顔色不良、意識障害、けいれんなどを生じる。生後6ヶ月頃からみられ、4〜5歳頃に自然に消失することが多い[7]。憤怒けいれん（泣き入り引きつけ）の対応では、慌てないで冷静に対処する。

### (2) ミルク嫌い・吐乳・食欲不振

　体質、疾病などが原因である場合がある。保護者の過度な心配により、安定した親子関係が形成されない状態で、哺乳を子どもに強制すると、症状が悪化することがある。対応として、保護者の心理的支援を行う。

### (3) アセトン血性嘔吐症（周期性嘔吐症、自家中毒症）

　代謝性疾患に分類されることもある。急に元気がなくなり、嘔吐が繰り返し起こる状態である。10歳頃までみられることが多い。重症になると、血液を嘔吐し、脈拍が微弱になり、昏睡状態に陥ることがある。原因は不明だが、か

ぜ、疲労、強い興奮、欲求不満などで誘引されることがあり、再発しやすい。1週間程度持続することがある。

　対応としては、まずは落ち着けるように支援する。落ち着いたら水分の摂取を勧める。症状が激しい場合、医師に連絡する。子どもの様子を日頃から観察し、ストレスや疲労を溜めないように支援する。

## (4) チック

　顔面、首、肩などの特定の筋肉群に突然起こる、けいれん的で（同じパターンが繰り返される）、意思に基づかない不随意の運動である。10歳頃までに発症し、成人まで持続する場合がある。運動性チック（まばたきをする、盛んにうなずく、首を曲げる、口を歪める、舌打ちなど）と、音声チック（喉を鳴らす、鼻を鳴らす、咳払いをする、声を発するなど）がみられる。

　チックを発症しやすい体質があるため、身体疾患とみなされることがあるが、不安、緊張感、怒り、欲求不満などで激しくなることが多いため、心身症と捉えられることもある。保護者の過干渉、急激な環境の変化などで出現することがあり、自分の意思で止めることができず、自然によくなったり、悪くなったりを繰り返す。

　トゥレット障害では、運動性チックと音声チックが出現する。オウム返し（反響音語）や、汚言症（汚い言葉、猥褻な言葉が出てしまう）を伴うことがある。

　生活に支障がなければ、特別な対応は不要である。生活に問題があれば、不安、緊張を取り除くために、薬物療法や、環境整備を行う。保護者を含めたカウンセリングなどを実施することがある。

## (5) 反復性腹痛

　腹痛を生じる明らかな機能的（形態的）原因がないのに、日常生活に影響を与えるほどの腹痛を繰り返す。少なくとも3ヶ月以上の期間に3回以上の腹痛を認める。

　心因性であることが多く、不登園、不登校の原因になることがある。話を聴き、体質や気持ちを受け容れ、子どもの自信を育てるとともに、睡眠、食事、

排泄にわたって子どもの生活環境を整える。子どもを理解し、適切に支援するために、家庭との連携・協働に努める。

## 第4節　その他の病気の理解と対応

その他の子どもの病気として、以下が挙げられる。

### 1　消化器疾患

#### (1) 腸閉塞症

腸の内腔に閉塞（塞がれる状態）または狭窄（狭くなる状態）を生じた状態である。原因を除去して、腸内容の通過を回復する。腸管壊死がみられるなど緊急に手術する場合があるため、腹痛、腹部膨満、嘔気・嘔吐がみられ、排ガスや排便がみられない場合、医師にすみやかに連絡する必要がある。

日頃から便秘を予防するとともに、一度に食べ過ぎないように努める。

#### (2) 鼠径ヘルニア（脱腸）

腹部にある腹膜や腸の一部が鼠径部（左右の大腿（太もも）の付け根）に入り込んだ状態である。根治的には手術を実施する。完全に入り込み腸閉塞を生じた嵌頓ヘルニアでは、緊急に手術が必要になる場合がある。

#### (3) 難治性下痢症

特定の原因がなく、2週間以上下痢が続く状態である。体重増加不良、栄養障害、成長障害などがみられる。下痢が慢性的に続く場合、便の性状や量、時期やどの種類の食物をどの程度摂取したのかなどを記録しておくことが、治療の手掛かりになることがある。

### 2　循環器疾患

心疾患のある乳児では哺乳が重労働になることがあるため、1回ごとの哺乳量を少なめにし、こまめに授乳するなどの対応が必要になることがある。

心室中隔欠損等で心臓のはたらきが十分でない様子（心不全）がみられる場合、発汗しやすい傾向にあるため、身体を冷やしたり、かぜをひいたりしないように、こまめに着替える。

## （1）心室中隔欠損症

　妊娠4週から8週頃に完成される心室中隔の発生が阻害されて、一部に欠損孔（けっそんこう）を生じる。先天性心疾患では最多である。心室中隔（しんしつちゅうかく）とは、心臓の4つの部屋（右心房、右心室、左心房、左心室）のうち、右心室と左心室を隔てる筋肉の壁のことである。

　欠損している場所や大きさにより、病気の程度や症状が異なる。呼吸が荒く回数が多い、哺乳や食事の量が減り体重が増えにくい、元気がないといった症状がみられることがあり、手術が必要になることもある。

## （2）ファロー四徴症

　心室中隔欠損、肺動脈狭窄（右心室の出口から肺動脈にかけて細くなる）、大動脈騎乗（大動脈が心室壁に馬乗りのような状態になる）、右室肥大（負担により右心室の壁が厚くなる）の4つを伴う。肺動脈狭窄などが著しい場合、低酸素発作を生じることがあり、手術などで肺への血流量を増やす処置を講じる。

　根治手術を実施した後、血管の狭窄や血液の逆流が残る場合、学校生活や運動に制限が必要になることがある。

## 3　血液疾患：出血性疾患

## （1）血友病

　血液凝固因子が先天的に不足または欠乏している状態である。先天性血液凝固障害（生まれつき血液凝固因子が不足または欠乏する障害）の中で最多である。血液凝固因子はX染色体上にあるため、X染色体を通常1つしかもたない男児に多い。年齢や活動の程度に応じて、出血しやすい部位が変化する傾向にある。関節内の出血を繰り返すと、関節内での増殖や肥厚（ひこう）が進んで、関節症（関節の機能が損なわれることが心配される関節の炎症）を発症することがある。

血友病の子どもは、出血しやすく、出血が止まるまでに時間がかかる。出血した場合、安静に保ち、患部を心臓より高い位置に上げながら冷やしたり圧迫したりする。鼻出血の場合には小鼻を少し強めに押さえる。口腔内出血の場合にはガーゼを噛むなどして圧迫する。

床材にウレタン製などのクッションを使用したり、家具の角をスポンジで保護したりして、出血の危険性を減らす。踵部の衝撃を吸収する、子どもの足に合った靴を選択する。歯磨きなどの口腔ケアにより、歯周病の予防に努める。

### (2) 血管性紫斑病

アレルギー性紫斑病に代表される。紫斑とは、皮下出血である。アレルギー反応によって血管に炎症が起こり、血管から血液が漏れる状態である。皮膚の紫斑（手足）、腹痛、関節痛（特に下肢）などを生じる。

痛みや出血傾向に応じて対症療法を行う。腎炎の発症がみられないか経過を観察する。

### (3) 血小板減少性紫斑病
（けっしょうばんげんしょうせいしはんびょう）

血小板が減少し、出血しやすくなり、出血が止まりにくくなる状態である。原因不明で、難病に指定される。子どもでは、ウイルス性感染症に続発することが多い。出血傾向が出現し、皮膚や、口腔内などの粘膜に紫斑を発症する。

ウイルス感染症に罹患すると出血傾向が悪化することがある。血小板機能を弱める作用のある薬の使用を控える必要がある。打撲する可能性のある激しいスポーツを避けた方が良い場合もある。

## 4　悪性新生物（がん）

子どもが悪性新生物と診断された場合、子どもだけでなく、家族の支援も重要になる。保健医療、心理などの専門機関および専門職と連携・協働しながら、子どもや家族を包括的に支援する必要がある。

## (1) 白血病

　子どもの悪性新生物のなかで最多である。多くは急性リンパ性白血病である。未熟な白血球が異常に増加するとともに、造血機能が低下するため、正常な細胞が減少する。貧血、倦怠感、めまい、出血傾向、骨痛、首や脚の付け根の腫脹などを生じる。化学療法、造血幹細胞移植などの発展により、生存率が向上している。

　長期入院が必要な場合でも、院内の保育所や学校（院内学級）に通ったり、自宅への外泊を繰り返したりして、その子どもに合った生活が送れるように配慮されている。寛解（完全に治ったといえないが病気を抑えることができている状態）しても、受診を継続する必要がある。

## (2) 神経芽腫

　乳幼児期に診断されることが多い。リンパ節、皮膚、骨に転移がみられる例もある。神経の細胞に発生する。副腎髄質や交感神経幹などから発生し、腹部に腫脹や硬い腫瘤が、脚などに麻痺がみられることがある。発熱、貧血、血小板減少などを発症する。

## (3) 腎芽腫（ウィルムス腫瘍）

　子どもの腎腫瘍の代表的な疾患である。多くは乳幼児期に発症する。腹部腫瘤、腹部膨満、腹痛、血尿などを生じる。

## (4) 悪性リンパ腫

　白血球のなかのリンパ球ががん化したことによる。リンパ節、胸腺、脾臓、扁桃などのリンパ系組織だけでなく、リンパ外臓器（骨髄、胃など）でも発生する。ホジキンリンパ腫と非ホジキンリンパ腫に大別される。子どもでは非ホジキンリンパ腫が多い。リンパ節腫脹、発熱、寝汗、体重減少などを生じる。

## 5 泌尿器・生殖器疾患 ∙∙∙∙∙∙∙∙∙∙∙∙∙∙∙∙∙∙∙∙∙∙∙∙∙∙∙∙∙∙∙∙∙∙∙∙∙∙∙∙∙∙∙∙∙∙∙∙∙∙∙∙∙∙∙∙∙∙∙∙∙∙

### (1) ネフローゼ症候群

タンパク尿（血液中のタンパク質が漏れ出た尿）、低タンパク血症（血液中のタンパク質が異常に低い状態）、浮腫を生じる。過剰なタンパク質が尿に漏れ、血液中のタンパク質が減ったり、からだがむくんだりする。1〜3歳に好発し、多くは原因不明（特発性ネフローゼ症候群）で、男児に多くみられる傾向がある。副腎皮質ホルモンや免疫抑制薬などによる治療の他、食事療法を実施することがある。

かぜなどの感染症にかかることで再発することがあるため、予防したり、早めに対応したりする必要がある。

### (2) 停留精巣（停留睾丸）

精巣（睾丸）が陰嚢の中に下降せず、腹腔内や鼠径部に留まっている状態である。精巣が停留して高い温度環境にあると、精子をつくる細胞の機能や数に影響を与えることがあり、精巣の機能低下を防ぐために手術が必要になることがある。

### (3) 陰嚢水腫

陰嚢に水がたまり、腫脹してみえる状態である。1歳までに自然治癒することが少なくない。鼠径ヘルニアを生じて腸の血流が悪くなる（嵌頓）などの場合には手術が必要になることがある。

## 6 神経・筋疾患 ∙∙∙∙∙∙∙∙∙∙∙∙∙∙∙∙∙∙∙∙∙∙∙∙∙∙∙∙∙∙∙∙∙∙∙∙∙∙∙∙∙∙∙∙∙∙∙∙∙∙∙∙∙∙∙∙∙∙∙∙∙∙∙∙∙∙∙∙∙∙∙∙∙∙∙

### (1) 脳性麻痺

受精から生後4週の間に生じた脳の損傷による運動障害がみられる。筋肉の緊張が次第に強くなり、運動に支障が生じて、日常生活に影響がみられる。脳の損傷によるが知的障害を伴うとは限らない。首のすわりが遅い、おすわりができない、などによって診断されることがある。早期からの適切な療育により、運動にかかわる問題の解決が支援されている。

## (2) 進行性筋ジストロフィー

　進行性の筋萎縮と筋力低下を特徴とする遺伝性疾患である。筋肉の機能に不可欠な遺伝子に変異が生じることによって発症する。5歳頃までに転倒しやすくなった、走れなくなったことなどで気づくことがある。

　筋力低下の進行を遅らせるためのトレーニングを定期的に行う。嚥下、呼吸、歩行などの機能の低下に応じてケアを行い、生活の質を保つように心掛ける。

## (3) もやもや病（ウィリス動脈輪閉塞症）

　原因不明の脳血管の進行性の病気である。脳の血管が閉塞し、側副血行路として異常血管（もやもや血管）が発達する。頭痛、脳の血流低下、感覚異常、不随意運動、失語症、意識障害、けいれんなどを生じる。脳梗塞を発症することもある。脳の血流を回復するための投薬や手術が行われる。

　激しく泣いたり、ストロー等を吹く動作やハーモニカ等の吹く楽器の演奏をしたりすると、血液中の二酸化炭素濃度が低下し、血管を収縮して血流量が減少することがあるので、注意する。

## 7　内分泌・代謝性疾患

### 〈内分泌の病気〉

### (1) 先天性副腎過形成症

　先天的な酵素の欠損によって副腎皮質（ステロイド）ホルモンのバランスが崩れ、細胞増殖により副腎皮質組織が肥大（過形成）する。低血糖、食欲不振、無気力、色素沈着、低ナトリウム血症、高カリウム血症、低血圧、循環障害、ショックなどを生じることがある。副腎皮質ホルモンなどの不足を治療によって補足する。新生児マススクリーニング検査によって、早期発見、早期治療が進んでいる。

　決められた量の薬をきちんと飲まないと成長に影響を与えることがあるので、治療を継続し、成長障害（低身長等）などの予防に努める。

## (2) クレチン症・バセドウ病

　クレチン症：先天性甲状腺機能低下症。甲状腺（のどぼとけから親指2本分く
らい下に位置する）で甲状腺ホルモンを産生するはたらきが弱い。新生児マス
スクリーニング検査により、早期に発見、治療される。早期から適切に治療さ
れないと、知能の発達の遅れや低下などを生じることがある。

　バセドウ病：甲状腺機能亢進症。代謝が異常に活発になり、心身に影響を与
える。甲状腺腫（甲状腺が腫脹する）、眼球突出、頻脈（脈が速くなる）が三大
徴候である。他に、疲れやすい、全身がだるい、身長がよく伸びる、動悸・息
切れがする、食欲が増す、落ち着きがない、不眠、多汗、手足が震えるなどの
症状がみられる。女児に多い傾向がある。過労やストレスを避ける。抗甲状腺
薬を投与されている場合、昆布などのヨードの多い食品の摂取を控える。

## 8　自己免疫・アレルギー性疾患など ･･････････････････････････

### 〈自己免疫疾患〉

### (1) 若年性特発性関節炎（若年性関節リウマチ）

　15歳以下で発症する。原因がわからない関節の炎症が6週間以上にわたっ
て続く。関節の痛み、腫脹、熱感、発赤、動かしにくさなどを伴う。関節の機
能に影響が残ることがあるため、早期から適切な治療を続けて、回復を促す。

### (2) 川崎病（小児急性熱性皮膚粘膜リンパ節症候群）

　1967年に川崎富作博士によって発見された。原因がわからない炎症が全身
の血管に発症する。主な症状として、5日以上続く発熱、両眼の結膜の充血、
いちご舌（口唇が赤くなる）、全身にみる多様な発疹、手掌や足底の発赤、解熱
後の皮膚の落屑、頸部のリンパ節の腫脹、心臓の冠動脈障害（瘤）などを発症
する。4歳以下で発症することが多く、男児に多い傾向がみられる。冠動脈障
害の程度に応じて、食事や運動などの生活管理が必要な場合がある。

　また、新生児に特有の病気として、以下が挙げられる。

## 9　新生児（生後28日未満の乳児）に特有の病気 ··········································

### (1)　分娩損傷

#### 1)　軟部組織の損傷

① 産瘤：産道通過の際に頭部の先端に生じる、鬱血と浮腫による腫脹である。通常生後1〜2日で消失する。

② 頭血腫：産道内での圧迫や吸引分娩が原因となり、頭蓋骨と骨膜の間に起こる血腫である。通常数ヶ月で消失する。

#### 2)　末梢神経の損傷

分娩時の圧迫で腕神経叢（脊髄神経から鎖骨、腕、手につながる神経細胞の集まり）、横隔膜神経、顔面神経に麻痺を発症する。

#### 3)　出　血

頭蓋内出血：分娩損傷時に硬膜下出血（頭骨内側の硬膜にみる出血）、くも膜下出血を発症する。チアノーゼ、嗜眠（強い刺激を与えないと反応がみられない意識障害）、けいれんなどを発症する。脳性麻痺を生じたり、死に至ることもある。

### (2)　呼吸障害

#### 1)　新生児仮死

羊水の大量吸引により、第一呼吸がみられない、または、循環不全（必要な量および質の血液を循環することができない）という状態である。仮死の重症度は、5項目のアプガースコア（表4-11）で、出生後1分および出生後5分に評価する。10〜7点で正常、6〜4点で軽症仮死、3〜0点で重症仮死と評価される。

#### 2)　呼吸窮迫症候群

サーファクタント（酸素と二酸化炭素のガス交換を主に担う肺胞が膨らむことをコントロールする物質）の欠乏により生じる。

表 4-11　アプガースコア

| | 0点 | 1点 | 2点 |
|---|---|---|---|
| 皮膚色<br>(Appearance) | 全身蒼白<br>全身チアノーゼ | 体幹（胴体）ピンク色<br>四肢チアノーゼ | 全身ピンク色 |
| 心拍数<br>(Pulse) | 心拍なし | 100回／分未満 | 100回／分以上 |
| 刺激に対する反射<br>(Grimace) | 反応なし | 顔をしかめる | 泣く<br>咳嗽（せき）・くしゃみをする |
| 筋緊張<br>(Activity) | だらりとしている | 腕や脚を曲げている | 手脚を活発に動かす |
| 呼吸<br>(Respiration) | 呼吸していない | 弱々しく泣く | 強く泣く |

## (3) 黄　疸

　血中のビリルビン濃度が上昇し、皮膚や眼球結膜が黄色になる状態である。生後2〜4日で発症し、生理的黄疸では10〜20日で消失する。ABO式・Rh式血液型不適応（ABO式、Rh式の血液型が母親と異なる胎児の血液が何らかの理由で母体の血液に入ると、母体に胎児の赤血球に対する免疫反応が生じてその赤血球を攻撃する抗体ができる状態）によっても、溶血（赤血球が壊れ、ヘモグロビン（血色素、Hb）が血球外に溶け出す状態）に伴い、黄疸を発症する。新生児では、体内でヘモグロビンから変換されたビリルビンを処理する力が弱く、ビリルビンが脳に沈着して脳に損傷を生じることがある。

　スクリーニング検査などにより早期に発見し、ビリルビン濃度を下げるために光線療法などを実施するとともに、ビリルビン濃度が上昇する原因疾患の治療が必要になる場合がある。

## (4) 感染症

　新生児剥脱性皮膚炎では、ブドウ球菌の感染により、生後1〜2週頃に、口周囲や頬の紅潮を発症する。全身に移行し、皮膚がむける。高熱がみられ、全身状態が悪化することがある。感染症の治療、脱水症の予防を実施するととも

に、皮膚を清潔に保護する。他の子どもとの接触の機会を避け、感染を予防する。

## (5) 新生児メレナ

ビタミンKの欠乏で血液凝固機能が低下し、消化管出血を発症する。下血（血液成分が肛門から排出されること）による黒色のタール便がみられる。ビタミンKは胎盤を通過しにくく、母乳にもあまり含まれないことから、新生児はビタミンKが欠乏しやすい傾向にある。

ビタミンK製剤（ビタミン$K_2$シロップ）を投与することにより、予防することができる。出生時、産科退院時、1ヶ月健診時に投与することが一般的であるため、保健医療機関を受診していない子どもの受診を家庭に勧める（第4章第1節9も参照）。

注
1) 日本小児アレルギー学会「小児気管支喘息　治療・管理ガイドライン2017」
  http://www.jspaci.jp/modules/journal/index.php?content_id=13（accessed 15 February 2019）
2) 日本皮膚科学会ガイドライン「アトピー性皮膚炎診療ガイドライン」2018 https://www.dermatol.or.jp/uploads/uploads/files/guideline/atopic_gl1221.pdf（accessed 15 February 2019）
3)「食物アレルギーの栄養食事指導の手引き2017」検討委員会「食物アレルギーの栄養食事指導の手引き」2017　https://www.foodallergy.jp/tebiki/（accessed 28 December 2018）
4) 厚生労働省「保育所におけるアレルギー対応ガイドライン」2011
  https://www.mhlw.go.jp/bunya/kodomo/pdf/hoiku03.pdf（accessed 15 February 2019）
5) 東京都「食物アレルギー緊急時対応マニュアル　2017年3月版」
  http://www.tokyo-eiken.go.jp/files/kj_kankyo/allergy/to_public/kinkyu-manual/7f76eea5e9ad849c49f85c28056a14b21.pdf（accessed 15 February 2019）
  東京都福祉保健局「保育園・幼稚園・学校における食物アレルギー　日常生活緊急時対応ガイドブック」2014　http://www.fukushihoken.metro.tokyo.jp/allergy/pdf/pri05.pdf（accessed 15 February 2019）
6) 厚生労働省「保育所における感染症対策ガイドライン（2012改訂版）」2012　（保育所における消毒の種類と使い方）https://www.mhlw.go.jp/bunya/kodomo/pdf/hoiku02.pdf（accessed 03 November 2018）
7) 一般社団法人日本小児神経学会「小児神経Q＆A」　https://www.childneuro.jp/modules/general/index.php?content_id=14（accessed 03 November 2018）

参考文献に基づいて学習を発展させましょう。

① 国立成育医療研究センター編（2016）『医療保育実践マニュアル』診断と治療社

　医療保育を必要とする子どもおよび家族を支援する保育の基本に基づいて、疾患ごとの保育や、一般の保育と異なる記録の書き方について学習することができます。

② 北住映二・杉本健郎（2012）『新版　医療的ケア研修テキスト』クリエイツかもがわ

　法整備に基づいて喀痰の吸引などの医療的ケアに対応できるようになった教職員などによる、実践を支援するために出版されたテキストです。付属のDVD動画を活用して、学習をより実践的に進めることができます。

③ 独立行政法人国立特別支援教育総合研究所（2017）『病気の子どもの教育支援ガイド』ジアース教育新社

　教職員などが理解しておく必要のある病気の子どもの支援や配慮事項について学習する助けになります。事例に基づいてわかりやすく学習できる工夫が取り入れられています。

# 参考文献・URL

Newton（2016）『やさしくわかる人体のしくみ』ニュートンプレス

内山聖監修（2015）『標準小児科学（第 8 版）』医学書院

旺文社編（2017）『学校では教えてくれない大切なこと 18 からだと心』旺文社

梶谷喬・佐々木正美・小河晶子・寺田喜平（2015）『医療保育　ぜひ知っておきたい小児科知識　改訂第 4 版』診断と治療社

鴨下重彦・柳澤正義監修（2002）『こどもの病気の地図帳』講談社

北住映二・杉本健郎編（2012）『新版　医療的ケア研修テキスト』クリエイツかもがわ

厚生労働省（2018）『保育所保育指針（平成 29 年告示）』

厚生労働省（2018）『平成 30 年　我が国の人口動態』

国立成育医療研究センター編（2016）『医療保育実践マニュアル』診断と治療社

国立特別支援教育総合研究所（2017）『病気の子どもの教育支援ガイド』ジアース教育新社

榊原洋一（2008）『大人が知らない子どもの体の不思議』講談社

榊原洋一監修、小林美由紀著（2016）『これならわかる！　子どもの保健 演習ノート——子育てパートナーが知っておきたいこと（改訂第 3 版）』診断と治療社

佐々木正美（2008）『知ってほしい！　子どもの「こころの病気」』（全 5 巻）岩崎書店

産業技術研究所デジタルヒューマン工学研究センター他企画・監修（2013）『子どものからだ図鑑』ワークスコーポレーション

汐見稔幸（2018）『こども・保育・人間』学研教育みらい

汐見稔幸・無藤隆監修（2018）『〈平成 30 年施行〉保育所保育指針　幼稚園教育要領　幼保連携型認定こども園教育・保育要領　解説とポイント』ミネルヴァ書房

北島善夫・武田明典編著（2019 刊行予定）『教師と学生が知っておくべき特別支援教育』北樹出版

田中英高（2014）『心身症の子どもたち——ストレスからくる「からだの病気」』合同出版

日本アレルギー学会喘息ガイドライン専門部会監修（2018）「喘息予防・管理ガイドライン 2018」作成委員『喘息予防・管理ガイドライン 2018』協和企画

日本小児心身医学会編（2018）『初学者のための小児心身医学テキスト』南江堂

古荘純一（2015）『子どもの精神保健テキスト』診断と治療社

増南太志・山本智子編著（2017）『よくわかる障害児保育』大学図書出版

山本建一（2000）『意識と脳』サイエンス社

山本智子（2019 刊行予定）『子どもの健康と安全』開成出版

山本智子（2019 刊行予定）『病児保育』開成出版

山本智子（2019 刊行予定）『保育の計画と評価』開成出版

厚生労働省（2011）「保育所におけるアレルギー対応ガイドライン」
　https://www.mhlw.go.jp/bunya/kodomo/pdf/hoiku03.pdf
厚生労働省（2012）「保育所における感染症対策ガイドライン（2012改訂版）」（保育所における消毒の種類と使い方）
　https://www.mhlw.go.jp/bunya/kodomo/pdf/hoiku02.pdf
「食物アレルギーの栄養食事指導の手引き2017」検討委員会（2017）「食物アレルギーの栄養食事指導の手引き」
　https://www.foodallergy.jp/tebiki/
総務省統計局「総人口の推移」
　https://www.stat.go.jp/data/jinsui/new.html
総務省統計局「日本の人口ピラミッド」
　https://www.stat.go.jp/info/today/114.html
茅ヶ崎市（2018）「心肺蘇生法」（乳児・小児）
　http://www.city.chigasaki.kanagawa.jp/fire/emergency/1001602.html
東京都（2017）「食物アレルギー緊急時対応マニュアル　2017年3月版」
　http://www.tokyo-eiken.go.jp/files/kj_kankyo/allergy/to_public/kinkyu-manual/7f76eea5e9ad849c49f85c28056a14b21.pdf（accessed 15 February 2019）
東京都福祉保健局（2014）「保育園・幼稚園・学校における食物アレルギー　日常生活緊急時対応ガイドブック」
　http://www.fukushihoken.metro.tokyo.jp/allergy/pdf/pri05.pdf
日本小児アレルギー学会（2017）「小児気管支喘息　治療・管理ガイドライン2017」
　http://www.jspaci.jp/modules/journal/index.php?content_id=13（accessed 15 February 2019）
日本小児神経学会「小児神経Ｑ＆Ａ」
　https://www.childneuro.jp/modules/general/index.php?content_id=14
日本小児科学会（2018）「予防接種スケジュール」
　http://www.jpeds.or.jp/uploads/files/vaccine_schedule.pdf
日本蘇生協議会（2016）「JRC蘇生ガイドライン2015」オンライン版2016年最終版
　https://www.japanresuscitationcouncil.org/
日本皮膚科学会（2018）「アトピー性皮膚炎診療ガイドライン2018」
　https://www.dermatol.or.jp/uploads/uploads/files/guideline/atopic_gl1221.pdf
日本保育保健協議会「保健情報」（保育園とくすり）
　http://www.nhhk.net/health/02_01.html
日本夜尿症学会「夜尿症診療のガイドライン」
　http://www.jsen.jp/guideline/

福岡市医師会保育園・幼稚園保健部会（2017.3）「保育園・幼稚園におけるけいれん対応マニュアル―熱性けいれんを中心に―」
　http://www.city.fukuoka.med.or.jp/outline/books/keirentaiou.pdf
文部科学省（2008）「学校のアレルギー疾患に対する取り組みガイドライン」
　https://www.gakkohoken.jp/book/ebook/ebook_1/1.pdf
文部科学省（2015）「学校のアレルギー疾患に対する取り組みガイドライン　要約版」
　http://www.mext.go.jp/component/a_menu/education/detail/__icsFiles/afieldfile/2015/03/11/1353595_01.pdf

## あとがき

　「子どもの保健」の授業を担当していますと、受講生から、「子どもの保健」は「馴染みの少ない内容が多い」「難しく感じる」「あまり好きじゃない」といった声をきくことがあります。一方、自分や家族に病気の経験があったり、病気や障害のある子どもと交流した経験があったりする受講生には、「子どもの保健」を興味・関心をもって履修する傾向がみられるように思います。こうしたことから、「子どもの保健」が保育実習を経験する前に開講されているような場合には特に、知識や技能（根拠）と、将来の保育者としての実践がどのように対応するのか、その関係性の理解を通して、「子どもの保健」を学習する意義がわかるように受講生を支援することが大切だと考えるようになりました。

　今日、「子どもの保健」を学習したいというニーズには拡がりがみられるように思います。これまでに、現職の保育者の先生方が「子どもの保健」を聴講されたり、現職の保育者の先生方から「子どもの保健」にかかわる研修を依頼されたりすることがありました。専門的な知識や技能を含む「子どもの保健」を独学で、あるいは、保育者を中心とする職場内で学習することを難しく感じる傾向があるのかもしれません。

　在学中の学生においても、「子どもの保健」にかかわる学習ニーズの高まりがみられます。近年、国家試験を受験して保育士資格の取得を希望する学生や、公立の保育所などに就職するために専門試験対策を必要とする学生から、「子どもの保健」の学習支援を個人的または集団的に求められる機会が増えつつあります。

　筆者のこのような経験をふまえて、本書は保育士養成課程のテキストであることはもとより、授業以外で「子どもの保健」の学習を進める学生や社会人の方々にも活用して頂けることを想定して作成しています。保育等の現場で役立つ実践的な内容に加え、国家試験や公務員試験にも対応可能な知識・技能の習得を支援する内容を含むよう心掛けました。本書が、「子どもの保健」にかかわる学習を必要とされる皆様に広く役立てて頂ければ嬉しく思います。

本書は、医師として、また、学校保健医として、研究・教育および医療臨床に貢献されていらっしゃいます、山本勇特任教授の監修を経て出版されました。医学・保健学のご専門のお立場から、貴重なご指摘を賜りましたことにこの場をお借りして感謝申し上げます。

　また、本書の出版にあたりましては、公認心理師、臨床心理士の上安涼子先生、保育士の浅野俊幸先生という現職の先生方のお力添えを得ることもできました。心理学および保育学にかかわる専門職として、子どもの発達支援に日々取り組まれている経験に基づいた知見から貴重な学習の機会を提供して頂き、本当に有難うございました。

　最後になりましたが、北樹出版編集部の椎名寛子さまのご尽力のおかげで本書が出版されましたことに心から感謝申し上げます。


　　2019 年 2 月

　　　　　　　　　　　　　　　　　　　　　　　　　山本　智子

# 索　引

# 執筆者紹介

## ●監 修
**山本　勇**（やまもと・いさむ）
東京外国語大学特任教授
東京外国語大学保健管理センター所長
大阪大学医学部医学科卒業
医師、医学博士（大阪大学）
主な著書に、共著『新しい DNA チップの科学と応用』（講談社サイエンティフィク）、共著『最新医学　別冊　脂質異常症（高脂血症）代謝 1』（最新医学社）、共著『骨粗鬆症治療と服薬指導の実践』（先端医学社）、他。

## ●著 者
**山本智子**（やまもと・ともこ）（第 1〜4 章）
埼玉学園大学人間学部准教授
国立音楽大学音楽学部准教授（2019 年 4 月就任予定）
早稲田大学大学院文学研究科人文科学専攻博士後期課程単位取得退学
看護師、保育士、保育教諭
主な著書に、単著『子どもが医療に参加する権利』（講談社）、単著『病児保育』（開成出版、近刊）、共著『教師と学生が知っておくべき特別支援教育』（北樹出版、近刊）、他。

**上安涼子**（かみやす・りょうこ）（コラム③）
社会福祉法人三ヶ山学園こどもデイケアいずみ発達相談員
大阪大学人間科学部人間科学学科卒業
大阪市立大学大学院生活科学研究科前期博士課程生活科学専攻臨床心理学コース修了
公認心理師、臨床心理士

**浅野俊幸**（あさの・としゆき）（コラム①、②、④、⑤）
東京都荒川区職員（保育士）
埼玉学園大学人間学部子ども発達学科卒業
保育士、保育教諭

子どもの保健

2019 年 3 月 31 日　初版第 1 刷発行

監　修　山本　　勇

著　者　山本　智子

発行者　木村　慎也

定価はカバーに表示　　印刷・製本　日本ハイコム株式会社

発行所　株式会社　北樹出版

〒 153-0061　東京都目黒区中目黒 1-2-6
URL：http://www.hokuju.jp
電話(03)3715-1525(代表)　FAX(03)5720-1488